とりあえず、やってみいや

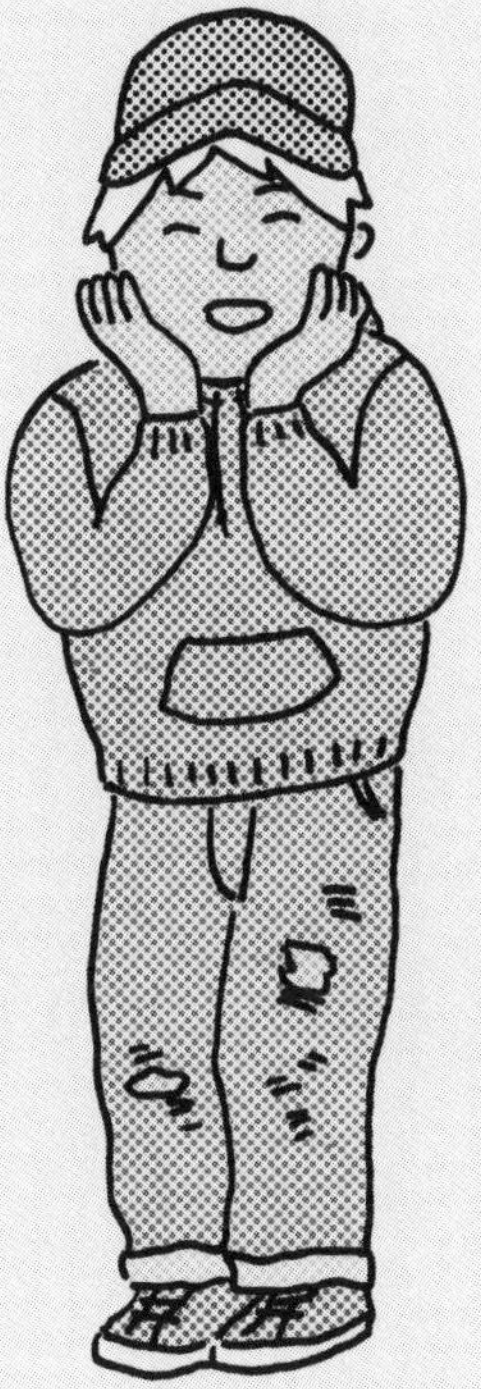

大阪でいちばん運が強い
経営者の40の魔法

神吉一寿

はじめに

輝かしい実績を残した人の姿を見て「運がいい人」と感じたことはありませんか？

スポーツ界では、幾多の記録を塗り替え世界の頂点に立った選手、ビジネス界では、小さな町工場から世界的企業へと成長を遂げた経営者、芸術分野では、無名の画家から世界中の美術館で作品が展示されるまでに至った芸術家。そんな彼・彼女らの華々しい成功を目にして、人は「幸運の女神が微笑んだ」と表現することもあります。

しかし、**「運」は決して天から降ってくるものではありません。**

華々しい結果を残した人たちの「運」の背後には、必ず人知れぬ努力と準備があります。彼らは誰よりも早く起き、誰よりも遅くまで研鑽を重ね、そして何より、自分の夢に向かって妥協のない自己管理を続けてきたのです。挫折や苦難の中でも決して手を抜かず、圧倒的な準備と努力によって、その「運」を引き寄せています。

次元は異なるので恐縮ですが、私もまた「運のいい経営者」と呼ばれることがあります。大阪のお菓子のデパート「よしや」の経営者として、「思いやり世界一」を目標に掲げ、お客様においしさと喜びを提供し、販売先や仕入先の皆さまの繁栄にも貢献できるよう日々努めてきました。

１９６４年に大阪市北区で菓子の卸・流通商社として創業した当社は、年間30万個だった販売数が、今では年間１億個を超えるまでに成長。現在は関西を中心に、愛知から沖縄まで40店舗以上を展開し、**創業以来一度も赤字を出したことがない会社**として知られています。

振り返れば、私は本当に素晴らしい方々とのご縁に恵まれてきました。そして、そのご縁を大切にし、活かすことができた。それこそが、人々が私を「運のいい経営者」と呼ぶ理由なのかもしれません。

「お前が社長をしていたら会社が潰れる」――40歳を前に、父から投げかけられたその言葉は、今でも私の胸に深く刻まれています。涙を流し、ただひたすらモップを握り締めて掃除に明け暮れた日々。その苦い経験が、今の経営哲学の礎となりました。

それから20年。コロナ禍という危機的状況でも、新たな事業で10億円の売上を達成し、2025年の大阪万博への出展も決定。新たにたい焼きチェーン事業も展開し、還暦間近の今もなお、私の挑戦は続いています。

本書では、「もうけは社員に還元せよ」「言うてることとやってることが違わないこと」「みんなの知恵を借りる」などの経営の指針を通じて、「運」の正体に迫ります。そして、「思いやり世界一の会社」を目指して歩んできた道のりで出会った数々の「運」の正体と、それを引き寄せるための具体的な方法を、年齢や立場に関係なく、誰もが実践できる形でお伝えします。

人生には誰にでも「ここ一番」の瞬間が訪れます。その時、自分のベストを超えられる人こそが、本当の意味で「運のいい人」なのです。

嘘をつかない。約束を守る。人の役に立つ。一見、当たり前に思えるこれらの行動の積み重ねが、いつしか「運」となって返ってきます。

あなたも、この本を通じて人生の「運」を切り開いてみませんか？

「運」はただ待っていても、なかなか訪れてはくれません。それは、日々の誠実な行動と努力を重ねた先に、自然とやってくるものなのです。本書で語る経験と知恵が、あなたの「運」を切り開くための第一歩となれば、これ以上の喜びはありません。

CONTETNS

第4章 必ずモノにする! チャンスを活かす達人の極意

第5章 人生100年時代をぼちぼち楽しむコツ

第1章

ほんまに運がええ経営者の秘訣

01

嘘はついたら、絶対アカン

POINT

噓はつかへんこと。正直が一番や。一回噓をつくと、噓が噓を呼んで、どんどん膨らんでいくんや。最初から正直やったら、その場で怒られるだけで済むのにな。

子どもの頃、親や先生に「噓をつくな」と言われたことがある人は多いのではないでしょうか。ですが、なぜ噓がいけないのか、その理由まで説明されることは少なかったと思います。

噓の怖さは「連鎖反応」にあります。一つの噓をつくと、その噓のつじつまを合わそうとまた噓をつくのです。どんどん噓の数が増えて、**最後には自分でも何が本当で何が噓だったかわからなくなってしまいます**。

人間の記憶力には限界があります。10個前についた噓の内容を正確に覚えておくのは、ほぼ不可能でしょう。でも、本当にあったことなら簡単に思い出せます。それが事実の強みなのです。

嘘をついている時の心理的な負担は、すごく大きい。相手の顔を見るたびに「バレていないだろうか」とヒヤヒヤする。そんな**ストレスを抱え込むくらいなら、正直に「ごめんなさい」と謝った方が、ずっと楽**でしょう。

私は社長として会社を運営する中で、社員の嘘に直面することがあります。社員が嘘をついてしまった時、私はこう対応します。

まず、「嘘はアカンよ」とはっきり伝える。

ただし、1回目の場合はすぐに厳しい処分をするのではなく、むしろ教育の機会として捉えます。

なぜ嘘をついたのか、その背景を理解しようと努めた上で「2回目は絶対に起こさない」という約束をしっかり取り付けます。少し厳しいかもしれませんが、**同じようにまた嘘をついた時は、会社を辞めるよう一筆書いてもらう**ようにしています。

嘘のない会社は、社員にとっても、お客様にとっても、本当に居心地のいい場所になるはずです。

失敗はしてもいい。でも、嘘はつかない。

私は正直さと信頼を大切にする文化を築くことで、みんなが安心して働ける環境を作ってきました。それこそが、私たちの目指す「思いやり世界一の会社」の姿なのです。

02

○○をキレイにしたら出世する!?

POINT

靴を揃えて、車もデスクもキッチンも、全部ピッカピカにしとこ。目に見えるもんからキレイにしたら、目には見えない内面もキレイになんねんで。

身の回りをキレイにすると、なんだか心まで晴れ晴れしてくる。これは、ただの気のせいではありません。**目に見えないものを整えるには、目に見えるものを整えるところから始めましょう。**

車を持っている人は、車の中も外もキレイにしておくこと。家の中だったら、特に汚れやすいところ、トイレはもちろんキッチンも磨いておく。ガスコンロは油で汚れやすいものです。昔から「コンロをキレイにすると、旦那さんが出世する」といわれています。私も最初は冗談かと思いましたが、これが意外と的を射ているのです。

私は、仕事やプライベートでいろいろな業界の社長宅にお邪魔する機会がありますが、どのご家庭でも奥様がコンロをピカピカに磨き上げていらっしゃる。これは偶然ではないと思います。キレイな環境が、ご家族皆さんの心にいい影響を与えている証拠ではないでしょうか。

スポーツの世界でも同じことがいえます。オリンピック選手を例に挙げると、技術面ではみんなが同じくらい高いレベルにあると思います。では、最後に勝負を分けるのは何でしょうか？

そう。メンタルです。

とはいえメンタルを整えるのは非常に難しい。なぜなら、心は目に見えないし、触れることもできないからです。

しかし、目に見えるものから整えることで、間接的に心も整えることができます。身の回りをきちんと整理できる選手は心の乱れがなく、最終的にメダルを手にする確率も上がるでしょう。

乱れた精神状態を回復しようと思ったら、家の中を徹底的に掃除して、整理整頓するのが効果的です。ストレスで眠れないからと病院に行ったり、睡眠薬や精神安定剤などの薬を服用したりする前に、試してみる価値はあるでしょう。

私の会社では、社員の**デスクの上にはボールペン1本、鉛筆1本だけ**と決めています。これは単なる規則ではありません。整理整頓することで、仕事の効率も上がりますし、心の状態も良くなります。デスク周りなど、小さなことの積み重ねが、長期的に見れば大きな成果につながるのです。

大げさかもしれませんが、当社がこれまで一度も赤字を出していないのも、こういったところも要因の一つだと思います。

身の回りをキレイにすることは、自分の心もキレイにすることです。靴を揃える、車を掃除する、キッチンを磨く、デスクを整理する。毎日の小さな積み重ねが、実は私たちの心と人生に大きな影響を与えています。キレイなものを見ると心が晴れ晴れするように、整った環境は私たちの心を豊かにして、人生をよりよいものにしてくれるのです。

03

「言うてること」と「やってること」が違わないこと

POINT

「言うてること」と「やってること」、この二つは合わせなアカン。言うたことをちゃんとやり遂げる人間には、思わぬ幸運がついてくるもんなんや。

関西のある会社で、こんな話を聞いたことがあります。社長はいつも、「うちの会社は勢いがある」「社員満足度が高い」などと豪語しているけど、実際の社内の様子は全く違う。社員は覇気がなく、どんどん辞めるし会社の中はごちゃごちゃだという。

社長が対外的に言うことと、社内の実際の様子が全然違う。こんなのは会社だけの話ではありません。個人でも、政治の世界でも、同じようなことがよくあります。

言うことと実際にすることが同じかどうか。これは、人や組織を信じられるかどうかの大事なポイントです。

特に政治家は、「選挙で言ってたことと実際にやってることが違う」って、よく批判されますよね。個人でも、「あの人、言ってることは立派だけど、全然やらないよね……」という人がいます。

昔から「言うは易く行うは難し」と言われるように、**口で言うのは簡単だけど、本当に実行するのは難しい**ものです。

自分の言葉に責任を持ち、行動で示していく。これを意識し続けることで、少しずつ成長していけるでしょう。

もちろん、思い通りにいかないこともあるはずです。ただし、とにかく行動はしましょう。言うことと実際にすることが同じであれば、周りの人はあなたを信頼するようになります。そして、その信頼は人間関係をもっと良くしていきます。

ポイントはまずは**身近なことから始めてみる**こと。「今日は早く帰る」と言ったら、本当に早く帰る。「明日までに仕事を終わらせる」と言ったら、必ず終わらせる。こうした小さなことを積み重ねていくのです。そうすれば、少しずつ信頼は蓄積されていきます。

そして「信頼」は思いもよらない幸運を呼び込みます。

たとえば、「明日の朝9時に新製品のサンプルをお届けします」と取引先に伝えたら、必ず約束の時刻に届ける。たとえ前日の夜遅くまで働くことになっても、その言葉を守り通します。すると、取引先はあなたの仕事ぶりを高く評価し、「この人なら安心して任せられる」と感じるようになります。

その結果、思わぬチャンスが訪れるものです。ある日突然、大手百貨店のバイヤーから「急遽、お中元の商品を探している」と連絡が来るかもしれません。「御社なら短納期でも確実に対応してくれるはず」と、真っ先にあなたの会社に声がかかるのです。

さらに、社員との関係も良くなります。「今年の冬は特別ボーナスを出したい」と言ってそのとおりに実行すれば、社員のやる気は格段に上がるでしょう。その結果、生産性が向上し、よりいい商品が生まれる。これが、また新たな取引につながっていくのです。

このように、言葉と行動の一致は、単に人間関係を良くするだけでなく、運を呼び込み、ビジネスの成功にも直結します。まずは、身の周りの些細な発言から自分の言葉に責任を持ち、実際に行動するようにしてみましょう。

04

どんなに小さな約束も守るのが当たり前

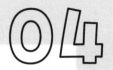

POINT

言うてることとやってることを同じにするのは、結局のところ、約束を守ることやねん。ほんまに大事なんは、どんな小さな約束でもちゃんと守ることなんや。

大きな約束を守らない人はあまりいません。会社間の重要な商談の約束や、支払い期日を守ることなどは、多くの人が当然のこととして守るでしょう。本当に信頼できる人かどうかを見分けるポイントは、実はもっと**小さな約束を守れるかどうか**なのです。

友人や恋人、あるいは夫婦間での約束を考えてみましょう。「今日中に都合のいい日を連絡する」と言ったのに、すっかり忘れて翌日になってしまった。これは明らかに約束を守っていないことになります。このような**小さな約束を守れない人は、最終的には大きな約束も守れなくなる可能性が高い**のです。

日常生活の中でよくある例として、「今度おみやげを持ってくるね」とか、「また皆で集まりましょう」といった約束があります。でも実際は、忘れられたり、後回しにされたりします。「ただの社交辞令だから」と軽く考えて、実行に移さないことも多いでしょう。

これらの小さな約束を軽視することは、実は知らず知らずのうちに信頼関係を損なう要因となっています。なぜなら、**相手はあなたの言葉を信じて期待を抱いているから**です。「おみやげを楽しみにしていたのに……」とがっかりしたり、「集まる約束をしたのに連絡がない」と不信感を抱いたりするかもしれません。

一見些細に思えるこれらの約束も、実は人間関係における信頼性のバロメーターとなっています。小さな約束を確実に守る人は、「言葉に責任を持つ人」「信頼できる人」として周囲に認識されます。逆に、これらの約束を軽んじる人は、徐々に周囲からの信頼を失っていくことになるでしょう。

子どもの頃から、「約束を守ることは大切だ」と教わります。

しかし、それだけでは不十分なのです。正しくは「**どんなに小さな約束でも必ず守る**」です。単に道徳的な教えではなく、社会で信頼される人間になるための実践的なスキルといえるでしょう。

小さな約束を守ることは、決して難しいことではありません。ですが、それを**当たり前のこととして実践し続けることは、意外と大変**かもしれません。

小さな努力の積み重ねが、あなたの信頼性を高め、人間関係やビジネスでの成功につながっていくのです。

今日から、**どんなに小さな約束でも必ず守る**。そんな心がけで日々を過ごしてみてはいかがでしょうか。周りの人の反応が少しずつ変わっていき、新たなビジネスチャンスや幸運を呼び込むきっかけになるはずです。

05

損や得やじゃなくて、正しいか間違ってるかや

POINT

損得じゃなくて、正しいか間違ってるかで判断せなアカン。これが人生の岐路で大切な指針やで。

私は長年ビジネスの世界で生きてきて、この原則がいかに重要か身をもって学んできました。多くの人が「得」を優先しがちな社会において、なぜ「正しさ」を判断基準にすべきなのか、そしてそれがどのような結果をもたらすのか、私の経験を交えながら皆さんにお伝えしたいと思います。

日々の生活の中で、私たちはさまざまな判断を求められます。たとえば、飲食店のお会計でお釣りの間違いに気づいた時、あなたはどう対応しますか？

私は、昔から暗算が得意でした。今は、自動でお釣りを計算してくれる機械があるため、お釣りの間違いも減ったかもしれません。それでもまだ、お釣りが多すぎることに気づくことがあります。そんな時、私は必ず余分なお金を返すようにしています。

中には「ラッキー」と思って黙って帰る人もいるでしょう。確かに、その場では得をしたように思えるかもしれません。

でも、それは本当に「得」といえるのでしょうか。

実は正直に、本来もらうべきではないお金を返すことで得られるものは、金銭的な価値よりもはるかに大きいのです。自分の誠実さを確認できる機会にもなります。

ビジネスの世界でも、この原則は同じように重要です。時々、お客様から「あなたは得しないのに、珍しいですね」と言われることがあります。しかし、このような正直さこそが、長期的な信頼関係を築く基礎となるのです。

私が経営する会社のような小売や卸売業などの業界では、多くの企業が年に1〜2回、大規模な展示会を開催します。名だたる会場を貸し切り、メーカーにブースを出展してもらい、100万円以上の協賛金を集めるのが一般的です。

しかし、私はこの慣行に疑問を持ち、一度も展示会を開催したことがありません。なぜなら、この方法では主催者は自社の資金をほとんど投入せず、メーカーから集めたお金でお得意先を招待しているだけだからです。自社がお金を負担せずに行う、このような催しを私は「間違っている」と考えています。

今回、大阪万博という5年に一度の国際博覧会に当社が主催するイベントを出展することとなり、「さすがに万博ではたくさんの協賛金をもらったらいいのでは?」という声もありました。しかし、ここでも「正しいことをする」という原則を貫きたい。私たち主催者側も相応の負担をし、メーカーと同じ立場で参加する。この姿勢が、より公平で健全なビジネス関係を築けると信じているからです。

私は、「**正しいことをする**」という原則を日々の業務や取引先とのやりとりの中でも実践してきました。

しかし正直に言うと、この原則を貫くのが非常に難しい場面もありました。

ある取引先のオフィスを訪問した際、トイレが異常に汚れていることに気づきました。とはいえ、指摘すべきか悩みました。結局のところ、私はトイレが汚いと会社の印象や社員のモチベーションにも影響するので、結果、会社の成長が見込めなくなることを率直に伝え、自ら掃除を手伝うことにしました。

すると驚いたことに、この正直な姿勢が相手からの信頼を深める結果となりました。「気づかせてくれてありがとう」という反応を得られ、むしろお互いの成長につながる建設的な対話が生まれたのです。

このような経験を通じて、たとえ不快に思われるリスクがあっても、正直で誠実なコミュニケーションが、長期的には信頼関係を深め、ビジネスの成功につながる重要な要素となることを学びました。

私の経験上、**正しいことを行うという原則は、常に短期的な利益とは相反する**

可能性があります。しかし長期的な視点で見た時、正しい行動の価値は計り知れません。

私の会社が長年信頼を得てこられたのも、この原則を貫いてきたからだと信じています。常に正直で誠実な対応を心がけることで、多少の困難はあっても、長期的には強固な信頼関係を築くことができたのです。

私は、常々社員に言っています。「これを言ったら相手がちょっと怒るだろうな」とか「嫌な気持ちがするだろうな」と思うことでも、それが正しいことであれば、ちゃんと言ってあげることが大切だと。損得ではなく、正しいか間違っているかで判断し行動することは、人生のさまざまな場面で重要な指針となります。

正しいことを行う勇気を持ち続けることで、ビジネスの成功だけでなく、人として成長し、充実した人生を送ることができるのです。

06

「いただきます」の本当の意味

POINT

「いただきます」は、単にご飯食べる前に言う言葉やないで。もっと深い意味があるんや。それは、「命をいただくことへの感謝の気持ち」やで。

「いただきます」の本当の意味を理解することは、日本の文化や精神を深く知ることにつながります。しかし、残念ながらこの意味を正しく理解している人は少ないのが現状です。幼稚園や保育園の先生でさえ、その本質を知らないのではないでしょうか。

日本料理店に行くと、箸が横向きに置かれているのをご覧になったことがあるでしょう。これは実は、深い意味を持つ習慣なのです。多くの人がこの習慣を当たり前のように受け入れていますが、その背景にある思想を理解している人は少ないでしょう。

世界の食文化を見渡すと、日本以外のほとんどの国々では、食事をする時、ナイフやフォークを縦に置きます。中国、香港、台湾、タイなど箸を使う国々でも同様です。しかし、日本だけが箸を横に置くのです。

横に置かれた箸は、生と死の境界線を表しています。料理側が「死」の世界、箸より手前のこちら側が「生」の世界。**その境界線を越えて食事をすることは、すなわち命をいただくことを意味している**のです。

この考え方は、日本の伝統的な自然観や生命観と密接に結びついています。「**いただきます」の本来の意味は、「命をいただきます」ということ**なのです。植物も動物も、全て生きているものの命をいただいている。尊い命をいただいて、私たちは生きているのです。

横に置かれた箸は、その命への感謝と敬意を表す象徴です。この深い意味を理解することで、私たちの食事に対する姿勢も変わってくるでしょう。

私は、このような日本の伝統的な価値観や習慣を、幼稚園や学校でしっかりと教えるべきだと考えています。子どもたちに「いただきます」の本当の意味を伝えることで、命の大切さや感謝の心をより育むことができるでしょう。単なる礼儀作法の問題ではなく、生命に対する敬意や自然との共生といった、より大きな視点を養うことにもつながります。

周囲の人々、自然、そして命への敬意と感謝は、私たちの行動や人間関係を豊かにし、幸運を引き寄せます。

今日から、食事の際の「いただきます」に命への感謝を込めてみましょう。一つ一つの命への感謝の気持ちが、自らの行動を変え、次第に大きな運を引き寄せる力となるのです。

07

タイムスケジュールは不要やで

POINT

毎日バラバラで決まったスケジュールなんてあらへん。せやけど、朝起きる時間だけはピシッと決めとんねん。あとはもう、その日その日でコロコロ変わるわ。

私の1日は、多くの人よりも早い時間に始まります。午前2時46分、携帯電話のアラームが鳴ります。毎日この時間に起きることで、日々の生活にリズムを作り出し、変化の激しい1日に対応する基盤としています。

起床後のルーティンは比較的シンプルです。トイレに行き、顔を洗い、シャワーを浴びる。その後、愛猫を起こし、出社の準備をします。

会社には4時前には到着します。この早朝の時間帯は、外部からの干渉が少なく、静かな環境で集中して思考を巡らせることができるため、非常に生産的です。まず毎日配信している「社長通信」を全社員と関係者に流します。一通りメールチェックなどを終えたら、トイレ掃除やゴミ拾いも自ら行います。

朝の時間が過ぎると、会議、対面での商談、突発的な問題への対応など、予定は目まぐるしく変わります。遠方への出張もあるので、早朝の新幹線に乗ることもあります。

睡眠のゴールデンタイムである22時〜2時を考慮して、毎晩22時には寝ます。とはいえ、講演がある日は23時を過ぎることもあり、会食などが入ると0時になることも珍しくありません。食事は、**16時間の断食を心がけ、朝食は摂りませんので1日1食か2食**です。これも、その日の予定や体調に合わせて柔軟に対応しています。

予期せぬ事態が発生した際は、全ての予定が吹き飛びます。たとえば台風が接近している場合、1日中その対応に追われることになります。電車の運行状況を確認し、社員の安全を確保し、必要に応じて業務形態を変更する。そのような判断と指示を、刻一刻と変化する状況に応じて行っていくのです。

このような不規則な生活スタイルは、一般的な経営者像とは異なるかもしれません。多くの経営者は、朝のこの時間に新聞を読んだり、静かに思索にふけったりするイメージがあるでしょう。しかし私の場合、新聞を読む時間さえないこともあります。3日分の新聞が溜まることも珍しくありません。

ポイントは、「**起床時間を固定し、それ以外は柔軟に対応する**」ということです。起床時間を固定することで、日々の生活にリズムを作り出し、そのリズムを基盤にして、変化の激しい1日に対応していくのです。この方法は、必ずしも全ての人に当てはまるわけではありません。重要なのは、**自分自身のリズムを見つけ、それを基盤にして日々の変化に柔軟に対応していく**ことです。それぞれの生活スタイルや仕事の特性に合わせて、自分なりの起床時間を見つけることが大切です。

ちなみに、なぜ私の起床時間が2時46分なのかというと、単に、私が使っている古い携帯電話（ガラケー）の設定が、最初からそうなっていただけです。機械音痴の私は、その設定を変更する方法がわからず、そのまま使い続けているうちに習慣となりました。

皆さんも、自分だけの「2時46分」を見つけてみてはいかがでしょうか。それが3時15分でも、4時55分でも構いません。大切なのは、それが自分にとってちょうどいい「起点」となることです。そして、もしその時間が何かの間違いや偶然で決まったとしても、それはそれで何かの話のネタになるかもしれません（笑）。

第2章

商売繁盛！ビジネスで成功する心構え

08

何でも「一番」を見つけんねん

POINT

「自分の中の一番」「地域一番」「日本一番」を意識するねんで。一番になれることをとことん探すんや。

ビジネスの世界で成功を収めるには、「一番」を意識することが重要です。これは**単に売上や規模の面だけではなく、自社の独自性や強みを見いだし、それを活かすこと**を意味します。

私の経験を通じて、「一番」を見つける方法と、それがもたらす価値について考えてみましょう。

私は最近、新しいビジネスの立ち上げで、たい焼きチェーンの展開を計画しています。２０２４年中には第１号店をオープンする予定で、その目標は「5年以内に日本一のたい焼きチェーンになること」です。一見、大胆な目標に思えるかもしれませんが、これは綿密な市場調査と戦略に基づいています。まず、たい焼き業界の特徴として、大手チェーン店が少ないことに着目しました。多くの店舗が単独経営で、全国展開しているところはほとんどありません。たとえば、関西の有名店「鳴門鯛焼本舗」でさえ、店舗数は限られています。さらに、たい焼きは日本の伝統的なスイーツとして、子どもからお年寄りまで幅広い層に親しまれています。タピオカやパンケーキなど流行り廃りのある商品ではなく、安定した需要が見込めるでしょう。

新規出店にあたっては、場所選びも重要です。当社は、最初の店舗として黒門市場を選びました。インバウンド需要を見込んでの選択です。外国人観光客にとって、たい焼きは日本の文化を体験できる魅力的な商品となるでしょう。その他の店舗に関しては、既存の事業でたくさんの店舗を持っているので、日本一になるのはそう難しくないと見込んでいます。

差別化のため独自性も追求し、たい焼きの形状や製法など3つほど「日本初」を取り入れます。製造プロセスにもこだわり、あんこやカスタードクリームなど、全ての材料を自社で製造する予定です。さらに、20年間たい焼き業を営んできた店舗からレシピを譲り受けるなど、経験豊富な人の知恵も取り入れています。

たい焼きのビジネス展開に合わせて、新たなマーケティング戦略も考えています。かつて大ヒットした「およげ！たいやきくん」の第2弾のような新しい「たい焼きの歌」を制作、立案しました。たい焼きチェーンのイメージソングとして活用し、ブランド認知度の向上と顧客の心に残る印象的な宣伝をするのです。音楽の力を借りて、たい焼きの魅力を広く伝えることで、事業拡大にさらなる弾みをつけたいと考えています。

私は、よく講演で「一番」の重要性を強調します。

すると、「『よしや』だからできるのでは？」と言われることがありますが、**「一番」は必ずしも全国規模である必要はありません。地域一番や、特定の分野での一番など、さまざまな形があります。**

具体的な例として、ある若い経営者の話を紹介しましょう。

彼女は創業してまだ3～4年で、浅草でおにぎり店を経営しています。おにぎり店は、コロナ禍でインバウンド需要が激減した状況下で、4年間毎日休むことなく営業を続けました。

お店を立ち上げてすぐに、コロナ禍に直面したことは想像を絶する困難だったでしょう。周囲の店舗が次々と閉店していく中、1日も休まず営業を続けるには並々ならぬ努力が必要だったはずです。結果として彼女のおにぎり店は、コロナ禍の浅草で唯一、営業を続けた「一番の」お店になったのです。この不屈の姿勢は周囲の業者の目にも留まり、空き物件の紹介を受けるなど、努力が実を結びました。現在では1個1300円のおにぎりを1日400〜500個売る繁盛店にまで成長しています。

このような努力と成功を目の当たりにし、私は彼女をたい焼き事業のパートナーとして迎え入れることを決断しました。このケースは、「一番」を目指す姿勢が、予期せぬチャンスや成長、新たなビジネスにつながることを示しています。「一番」を追求することの価値は、単なる目標達成にとどまりません。

困難な状況下での粘り強さを育み、周囲からの信頼と支援を獲得し、新たなビ

ジネスチャンスを生み出す原動力となるのです。

「一番」を目指すことは、思っているほど難しくありません。実は、身近なところに「一番」のチャンスはたくさんあふれています。たとえば、普段皆が7時に出勤する会社で、あなたが5時に来れば、それだけで「一番乗り」です。お金もかからず、誰でもできる「一番」ですよね。

大切なのは、小さなことから始めること。そして、それを続けることです。

5時出勤を続けるには、前の晩の飲み会や遊びの約束を控える必要があるかもしれません。でも、そんな小さな習慣を守れる人こそ、ビジネスでも成功するのです。

「一番」は決して遠い目標ではありません。あなたの日常の中にも、きっと「一番」になれるチャンスがあるはずです。今日から、自分なりの「一番」を見つけ、挑戦してみませんか？　小さな「一番」の積み重ねが、大きな成功への第一歩となるのです。

09

誰も
やってへんことを
やらなアカン

POINT

「人と違うことをする」のが勝負やで。みんなが追いつかれへんとこを狙うんや。

私は、「どうしてそのように多くのアイデアを思いつかれるのですか？」と、よく人に聞かれます。

率直にいうと、私自身は人並み以上にひらめきがスゴイとも思っていないし、何かを常に思いついている実感もありません。

ただ、いつも考えているのは「**誰もやっていないことをやってみたら、どうなるだろう**」ということです。常識にとらわれず、とにかくやってみるのです。

この考え方が、２０２５年の４月から開催される「大阪万博」への出展につながりました。大阪万博は20年ぶりに日本で開催される国際博覧会で、世界中からたくさんの人やモノが集まります。

小売の店舗を構えてから30年が経った頃、私は新たな挑戦が必要だと感じていました。お菓子のデパート「よしや」の店舗は、7坪の小型店から30坪の大型店まで多岐にわたりますが、多くは20坪前後の中型店でした。しかし、私はそこから一気に100坪規模の大型店舗を出店することを決意したのです。

当時はコロナ禍真っ只中。リスクは高かったものの、あえてこのタイミングを変更しませんでした。

なぜか？　それは、**店舗には寿命がある**からです。

30年も続けられれば上出来でしょう。これからは、お菓子の品揃えを大幅に増やし、外国人観光客も楽しめるような、お菓子の魅力を存分に伝えられる場所、いわば「お菓子のテーマパーク」的な店舗を作ろうと考えたのです。

ちょうどその頃、大阪万博の話が持ち上がっていました。私は、この大型店舗の展開を万博に向けての布石として位置づけたのです。

万博の参加については、さまざまな制約がありました。企業色を前面に出すことは難しく、スポンサー企業への配慮も必要です。大手企業は40億円、100億円、場合によっては数百億円もの資金を投じているため、中小企業が同じ土俵で戦うのは非常に困難です。

そこで当社は、「お菓子で世界にスマイルプロジェクト」を立ち上げ、過去・現在・未来のお菓子に触れ、食べ、体験できるような企画を立案しました。大規模に展開するには、もちろん多額の費用がかかります。出展だけでも、設営費や人件費、警備費などを含めると5日間で1億円ほどの費用が見込まれます。しかし、これは単なる**出費ではなく、未来への投資**だと考えています。

当初は、「大阪万博に出展」という素晴らしいチャンスを利用して、新たな取引先を開拓することも考えました。これまで取引のなかった大手メーカーとの交渉を進めるきっかけにしようという声があったのです。

しかし、「よしや」がここまで来られたのは、自分たちだけの力じゃない。これまで取引していただいた中小メーカーさんたちのおかげだという思いの方が強かった。150社ほどの取引先との長年の信頼関係があってこそ、今の「よしや」があるのです。

そこで、これらの取引先の商品を世界に向けて発信する場を提供すべく、今回のプロジェクトを企画立案しました。これまでお世話になった多くの取引先や関係者の方々に喜んでいただけることが、万博成功の証になると考えています。

さて、大型店舗展開の話に戻りますと、単に店舗面積を増やしただけではありません。

取り扱う商品数も大幅に増やしました。従来の900〜1000アイテムから、2200アイテムにまで拡大したのです。

これは、利益率を上げるためではなく、お客様に、**日本で「一番」品揃えの豊**

富なお菓子屋として認識していただくために企画しました。

たとえば、**大手メーカーの商品でも、スーパーやコンビニでは売れ筋の商品しか置いていません**。ある大手メーカーは80種類もの商品を生産していますが、コンビニで扱われているのは10種類程度に過ぎないのです。「よしや」の大型店舗では、そのメーカーの80種類全ての商品を取り揃えるようにしたのです。

広い店舗であれば、できることが格段に増えます。お酒の品揃えを例に出すならば、10坪の小さなバーと200坪の大型バーでは、提供できるお酒の種類が全く異なるでしょう。それと同じことがお菓子屋でもいえます。とはいえ、大型店舗には大きなコストがかかるので、さまざまな工夫をしてコストを抑えています。

たとえば、1号店は近所に大型商業施設が開店したことによってテナントが全て抜けてしまった場所を安く借りました。家主さんから「1年だけでも借りてくれないか」と頼まれ、そこで試験的に始めたのです。

お菓子屋というと、小規模な店舗をイメージされる方が多いかもしれません。しかし、私たちはあえてそのイメージを覆す「誰もやっていない」戦略をとりました。これは、既存の思考にとらわれないという経営理念の表れでもあります。**「他がやっていないこと」「他社が簡単には追随できないこと」を常に探し、実行する**のです。

多くの種類のお菓子を扱うことは、一見簡単そうに見えて、実は非常に難しいことです。在庫管理や発注作業などには膨大な手間とコストがかかります。賞味期限のチェックだけでも大変な作業です。だからこそ、他社は簡単には真似できないのです。

このように、**常に誰も真似できない新しいことに挑戦し続ける**ことで、「よしや」は競争の激しい小売業界で一度も赤字を出さず、持続的な成功を収めてきました。お菓子業界は、ディスカウントストアやコンビニエンスストアの台頭など、大きな変化の波に直面しています。常にイノベーションを起こし続けなければ、すぐに追い抜かれてしまうでしょう。

「よしや」はこれからも、お客様に喜んでいただける「誰もやっていない」新しい取り組みをどんどん取り入れ、新しいお菓子文化を築いていきたいと思っています。

10

ひらめいたら即アクションや！

POINT

思いついたらすぐ形にせなアカン。モタモタしてたらアカンで。同じことを考えてる人は自分一人じゃないねん。早い者勝ちやからな。

人からよく言われるのは、**アイデアを思いついてから実行に移すまでの速さが尋常ではない**ということ。

とはいえ、決して考えが浅いわけではない。考えを形にするのが早いのです。**思いついたらすぐ行動**する。それが、成功の秘訣なのです。この理念を体現した歴史的な出来事といえば、ライト兄弟による飛行機の発明が思い浮かびます。

20世紀初頭、動力付き飛行機の開発競争が世界中で繰り広げられていました。その中で、自転車店を営む無名のライト兄弟が、世界初の動力飛行に成功したのです。

ライト兄弟と同時期に、サミュエル・ラングレーも飛行機開発に取り組んでいました。興味深いことに、ラングレーはライト兄弟よりもはるかに長い間、この分野に携わっていました。ライト兄弟よりも少なくとも10年以上前から研究を続けていたのです。

1903年12月8日、ラングレーは飛行実験を行いましたが、失敗。そのわずか9日後の12月17日、ライト兄弟が初飛行に成功したのです。

この9日間の差が、飛行機の発明者としての栄誉をライト兄弟にもたらしました。彼らの成功の秘訣は、**アイデアを即座に実験に移し、失敗を恐れず繰り返し挑戦したこと**にあります。思いついたアイデアを形にするまでの時間が非常に短かったのです。

電話の特許争いでも、同じような例があります。アレクサンダー・グラハム・ベルと発明家のエリシャ・グレイは、1876年2月14日、全くの同日に電話の特許を申請しました。ベルの弁護士が特許庁に2時間早く到着したため、ベルが特許を取得。たった数時間の差で、電話の発明者としての名声と莫大な富がベルのものとなったのです。

これら2つの出来事は、アイデアを思いついたらすぐに行動することの重要性を示しています。この教訓は、決して遠い過去の話ではなく、私たちの日常生活でも頻繁に当てはまります。

私が計画しているたい焼き店の経営でも同様です。最近、たい焼き店が増えてきているのをご存じでしょうか。**同じタイミングで同じアイデアを持つ人はいくらでもいる**のです。

だからこそ、思い立ったら即座に行動に移さなければなりません。たった1日、あるいは数時間の差でも、先を越されてしまう可能性があるのです。

アイデアは行動に移してこそ価値があります。頭の中で温めているだけでは、結局「私もやろうと思っていた」「僕も同じことを考えていた」で終わってしまいます。**思いついたその瞬間が、アイデアを現実へと変える最大のチャンス**。「すぐに行動すること」が、成功への近道なのです。

11

ピンチを乗り越え、売上10億円!?

POINT

コロナ禍は、うちみたいな中小企業にとっては想定外の大ピンチやった。でも、ほんまに頭ひねって新しいこと考えたら、ピンチが大きなチャンスになったんや。

新型コロナウイルス感染症の拡大により、お菓子のデパート「よしや」も非常に厳しい状況に追い込まれました。

約40店舗を運営する「よしや」にとって、最大の懸念は店舗内での感染者発生でした。大手チェーン店でさえ次々と休業に追い込まれる中、自社店舗から感染者が出れば、致命的な打撃になると危惧していたのです。

特に「よしや」のような地域密着型の店舗にとっては、**売上の減少以上に深刻だったのが感染者発生時のイメージダウン**でした。

地域の人々に愛されてきた店舗だからこそ、そこから感染が広がるのではないかという不安は大きく、会社の存続にも関わる問題として捉えていたのです。

売上面では、地蔵盆やクリスマス会など地域行事の中止により、需要が大幅に減少。

商業施設の休業や営業時間短縮の影響も大きく、全体として15％の減収となりました。

しかし「よしや」はこの危機を乗り越えるため、本来のお菓子業界とは全く違う分野であるマスクの製造販売に着手。中国OEMを活用し、**関西で最も安価なマスクの販売を実現**したのです。

店頭での販売はもちろん、取引先からの卸売りの要望も相次ぎ、マスク事業は急速に拡大。最終的には年間約10億円の売上を記録するまでに成長しました。

この新規事業により、コロナ禍で生じた15％の減収のうち10％をカバーすることができ、結果として全体の減収を5％に抑えることに成功したのです。

ピンチは、新たなビジネスチャンスを生み出す絶好の機会でもあります。どんな困難な状況に直面しても、斬新なアイデアと積極的な行動力さえあれば、必ず活路は見出せるのです。市場の急激な変化に対応するためには、既存のビジネスモデルにとらわれず、柔軟に新しい方向性を模索する姿勢が不可欠です。

「よしや」はこの経験を糧に、今後も常に革新的なアプローチを追求し、どのような環境変化にも柔軟に対応できる強靭な企業体質を築いていきたいと考えています。

12

会社の方針は
みんなで決めよ

POINT

小さなことも大きなこともみんなで相談して考えよな。でも、最後の決断は社長の仕事やで。

会社の意思決定のプロセスは非常に重要です。中小企業では、「社長がトップダウンで全ての決定を下す」というスタイルも少なくないかもしれません。当社は13人の幹部会を設け、小さなことから大きなことまで、皆で共有し決定していきます。幹部会には、長年勤務している社員だけではなく、最近入社した女性の仕入れ担当者など、多様な視点を持つメンバーを入れています。

創業者や強力なリーダーシップを持つ経営者の中には、自分の直感や判断のみに頼る人もいます。日本電産（現・ニデック）の永守重信氏やユニクロの柳井正氏などが有名な例でしょう。

しかし、このようなリーダーシップスタイルには課題もあります。**一人の判断**

に頼りすぎて、後継者の育成が難しくなる傾向があるのです。

一方で、幹部会のような全員で話し合って決める方法にも限界があります。経営者として最終的な決断を下す責任は避けられません。私自身、幹部会の意見を聞いた上で、時には全員が反対する案件を推し進めたこともあります。

経営の難しさは、**多くの意見を聞いたからといって、必ずしも成功が保証されるわけではない**ことです。幹部会の全員が反対した案件が成功することもあれば、全員が賛成した案件が失敗することもあるのです。

とはいえ、意思決定のプロセスは無視できません。小さなことでも意思決定のプロセス上で、「聞いている」「聞いていない」の違いは、その後の実行段階に大きな影響を与えます。何も聞かずに与えられただけのプロジェクトと、意見は取り入れられなかったとしても決定段階で参加していたプロジェクトとでは、モチベーションや取り組み方も大きく異なるでしょう。

実際に動くスタッフ全員が「やるぞ」という気持ちで取り組むプロジェクトは、成功の可能性が高くなるのです。

会社の方針を皆で決めるという意思決定のプロセスを、より効果的にするためには「提案の質」も大事です。

より**具体的な提案を行うことを意識し、できる限り数字で表すことが特に重要**になります。「思いつき」や「何となく」ではなく、アイデアを具体的な数字に変換するのです。どのくらいの経費がかかり、どのくらいの売り上げを見込んでいるのか。予想される利益とリスクを明確に示すことで、より多くの支持を得ることができるでしょう。

経営者としての役割は、単に決定を下すことだけではありません。

チームの知恵を結集し、全員が同じ方向を向いて進むことができるような環境を作ることも大事です。皆が遠慮せずに意見できる環境は、より強固で成功率の高いアイデアを生み出すことができるはずです。

13

「もうけ」は社員に還元せよ

POINT

儲けたお金は社員に還元するんやで。働いているみんなが笑顔になれへんかったら、商売なんて続かへんのや。

「よしや」は創業以来、社員を最も大切にする理念を貫いてきました。この方針は、どんなに困難な状況下でも変わることはありません。よく、「社員のモチベーションを上げるために何か特別なことをしているのか」と尋ねられますが、私はそもそも**「モチベーションを上げる」という考え方自体を持たないようにしています。**その代わりに、公平で透明性の高い経営を心がけています。特に、会社の利益の分配方法については明確なルールを設けており、結果として社員のモチベーション向上につながっているようです。

具体的な利益の分配方法についてもお伝えしましょう。利益の約半分、40〜45%は税金として納め、残りの半分を3つに分けるのです。3分の1は会社の店舗などの費用に、3分の1は将来に備えて会社に残し、そして残りの3分の1を全て社員に還元します。

社員への還元は、単に現金を配るだけではありません。社員に喜んでもらえるさまざまな方法を考えています。たとえば今は、「2028年ロサンゼルスオリンピック、今回こそ『よしや』みんなで行こう」という目標を掲げています。実現するには、おそらく1億5000万円くらいかかるでしょう。そのため、どうしても儲けなければならないのです(笑)。この目標が生まれたきっかけは、東京オリンピックが決まった時です。

当時、宿泊施設もチケットも取るのが大変な状況でしたが、なんとか確保しました。結局はコロナ禍で無観客開催となってしまい、お金は返金されたものの、私たちの夢は叶わぬまま終わってしまったのです。東京で果たせなかった夢を、今度はロサンゼルスで実現しよう。そう考え、ロサンゼルスオリンピックに全員で行こうという新しい目標を立てました。

このような取り組みは、単に社員を喜ばせるためだけのものではありません。

会社全体で大きな目標を掲げ、目標の実現のために一緒に頑張ろうという気持ちを共有します。すると、**自然とモチベーションが上がり、さらなる利益につながるという好循環を生み出す**のです。

「よしや」では、その他にも高級果物や野菜の配布、ユニクロの商品券の提供、電化製品が当たる「じゃんけん大会」など、さまざまな形で社員へ利益の還元を行っています。

実は、このような**物品での還元は、お金以上に効果的**なのです。

約30年前に山形の佐藤錦、一箱2万円ほどする高級品を全員に配ったことがあります。すると驚くべきことに、30年経った今でも、その時のことを覚えている社員がいて、「あの時もらった佐藤錦は美味しかった。また欲しいな」と季節になると声をかけてくれることがあるのです。これは本当に素晴らしいことだと思います。もし、30年前に2万円や3万円を現金で渡していても、それを今でも覚えている人は恐らく一人もいないでしょう。

この経験から、お金で渡すよりも、品物の方がはるかに長く記憶に残ることがわかりました。そして、いい思い出が社員の心に刻まれることで、会社への愛着も深まっていくのだと実感した出来事でした。

社員に何かを贈る時は自分ではなかなか買わないであろう、最高のものを選ぶようにしています。お米なら新潟のコシヒカリ、スイカ、桃でもなんでも一番のものを選ぶのです。1玉3000円くらいするカボチャを8玉ずつ、全員に贈ったこともあります。

最近では、ジャガイモ10kg、玉ねぎ10kgを全員に配布。取引先や運送会社の方々にも喜んでもらえるよう、800ケースほど購入しました。

経営状況が非常に厳しかったコロナ禍の時期は、利益が出ていないにもかかわらず、社員への賞与を出したことがあります。大変な時期だからこそ、つらい思いをしている社員やその家族への賞与が必要ではないかと考えたのです。励ましの気持ちもこめて、私から直接店舗で手渡しました。すると、全国の社員から感謝や励ましの手紙がたくさん寄せられ、中には涙を流して喜んでくれた方もいました。

経営判断としては、利益が出ていない状況で賞与を出すことは正しくないでしょう。ただ、その時は「社員のことを一番に考える」という「よしや」のモットーを貫くことにしたのです。

私は「**いい時も悪い時も、普段の行いが結果に出る**」と感じています。困難な状況に陥ったからといって、急にチームの結束力や個々の力を発揮することは難しいのです。だからこそ、日頃からの取り組みが重要です。**苦しい時こそ、経営理念を大切に、会社の考え方に沿ったことを行っていこう**と思います。

「よしや」は創業以来一度も赤字を出していません。

これは、日々の積み重ねと社員との強い信頼関係の結果だと考えています。「もうけ」を社員に還元することは、企業の持続的な成長と社員の幸福を両立させる重要な取り組みです。この信念に基づいた取り組みが、結果として社員のモチベーション向上につながり、会社のさらなる成長を促し好循環を生み出しているのです。

14

社員の頑張り、見逃さへんで！

POINT

社員の頑張りは、しっかり見たらなアカン。みんなの働きを公平に評価して、それに見合う報酬をあげるんやで。

会社には、多大な貢献をした社員、たとえば売上を大幅に伸ばした人や、優秀な人材を育成した人、あるいは革新的なアイデアを提案し実現させた人など、さまざまな形で会社に利益をもたらした社員がいます。こうした社員に対しては、**貢献に見合った特別な報酬を与えるべき**です。具体的には、特別賞与を支給したり、昇進の機会を与えたりします。

とはいえ、全ての社員が常に突出した成果をあげられるわけではありません。中には、精一杯頑張ったけど、期待通りの成果を出せなかった社員もいるでしょう。数字には表れないけど、影で業務を支え、重要な役割を果たした社員もいるかもしれません。

一方で、極端に売り上げが悪くて足を引っ張ったり、事故を起こして会社に損失を与えたりした人もいます。

ここで重要なのは、**全社員に対して分け隔てなく同じ報酬を提供する**という側面です。

たとえば、会社の記念行事に全社員とその家族を招待するなど、成果に関係なく全員が平等に参加できるイベントを用意します。

「よしや」では、今回の大阪万博に社員とその家族全員を招待したり、玉ねぎやじゃがいもを全社員に贈ったりします。

「貢献に応じた評価と報酬」と「全社員に対する平等な報酬」の2つをバランス良く取り入れることが大事です。特に中小企業では、このバランスが崩れると社内の雰囲気や生産性に大きな影響を与える可能性があります。

貢献度の高い社員にのみ報酬を与え、他の社員を軽視するような環境では、チ

ームワークや協力関係が損なわれるかもしれません。逆に、全社員を完全に同じように扱い、個人の努力や成果を認めない環境では、社員のモチベーションが低下し、会社全体の成長が鈍化する恐れがあります。

理想的なアプローチは、全ての社員に平等に成長の機会を与え、個々の努力と成果を正当に評価し、それに見合う報酬を与えることです。同時に、全社員に対して公平な基本待遇を保証することも重要です。

2つの報酬のバランスを取ることで、社員一人ひとりが納得して働ける環境が整い、会社全体の持続的な成長につながるでしょう。

15

採用の決め手は「会社に合う人」

POINT

学歴や職歴ちゃうで。「会社に合う人」を採用せなアカン。

「よしや」の社長に就任して以来、人材採用に対する考え方は私の中で大きく変化してきました。振り返ってみると、昔は「少しでも優秀な人を雇わないと、会社は大きくならない」と信じていたのかもしれません。

当時の私にとって「優秀な人」とは何だったのか。それは華々しい学歴や職歴であり、数々の資格、そして、鋭い知性でした。それらの要素を兼ね備えた人材を採用することが、会社の未来を明るくする唯一の道筋と考えていたのです。

でも、今は違う視点を持つようになりました。現在、私が社員を採用する際に最も重要視するのは「人間性」です。**優しくて他者への思いやりにあふれた人材こそが、本当の意味で会社を成長させる力を持っている**と考えるようになったのです。

確かに、頭の良さや経歴も大切ですが、それ以上に大切なのは、人としての魅力や思いやりの心ではないでしょうか。そして同じくらい大切にしているのは**「自分の会社に合っている人」**を採用することです。

会社の理念に共感し、会社の文化に馴染む人を採用することが、組織の成功に結びつくのです。会社にとって有益なだけでなく、個人の成長と満足度にも直結します。つまり、会社と個人の双方にとって最適な選択となるのです。

ここで、私たちの会社で実際にあった出来事を紹介しましょう。

ある時、誰もが知っているような大手企業から中途採用者を迎え入れたことがあります。とても優秀な方でしたが、入社してわずか3日で退職することになったのです。

なぜそうなったのか。彼は確かに頭がとても良かったのですが、研修中にもかかわらず、やる前から「そうじゃないですよ」と理屈で反論してくるのです。「まずはやってみてから言ってください」とお願いしたものの、状況は改善しませんでした。正直なところ、初日で「うちの会社には合わないかもしれない」と感じたのです。結局、3カ月分の給料を支払い、3日で退職していただきました。

これは、頭の良さや経歴だけではなく、会社との適合性がいかに重要かを痛感させられた出来事でした。

それ以来、私は「会社に合う人材」について深く考えるようになりました。理屈より行動を重んじる人、つまり「まずはやってみよう」という姿勢を持つ人材が、「よしや」の文化に馴染みやすいとわかりました。次に、社会貢献の意識がある人。当社だと、「お菓子で人を幸せにしたい」という想いを持つ人が理想です。

さらに、会社の求める人材像を積極的に理解しようとする姿勢も高く評価しています。たとえば面接で、「御社はどんな人材を求めていますか？」と質問してくる人は、意識が高い方が多いです。

一方で、若い世代の中には、親への恩返しのために大企業を志望する方も少なくありません。これまで親にお金を出してもらったから、親を安心させるために大企業に行こうと考えるのです。

また、休暇の多さや給料、企業の規模も確かに重要な要素でしょう。しかし、そういう外的な要因だけで会社を選んでいては、後々「この会社とは合わない」ということになりかねません。会社と個人、**お互いの価値観が合致することが、長期的な成功と満足感につながる**のです。会社の方針や価値観に共感できないままでは、お互いにストレスを抱えながら働くことになってしまいます。

入社してからの社員と企業のアンマッチを防ぐため、当社はさまざまな工夫をしています。その一つが、私の部屋に大きく掲げた「思いやり世界一の会社を目指します」という言葉です。応募者が面接でこれを目にした時、「この会社は『思いやり』を大切にしているんだな」と直感的に理解してもらえるでしょう。

現代の就活生は、面接に来る前にインターネットで情報収集をします。そのため、面接時のスタッフや私の言葉だけでは不十分です。世の中にはさまざまな情報があふれており、退職した元社員の声などのネガティブな情報もあるでしょう。時には間違った情報もあるかもしれません。

だからこそ、**普段から一貫したメッセージを発信し続けることが大切**です。若い世代は、こういった情報を敏感に察知します。企業側も正直に、オープンに自分たちの考えを伝え続けていかなければなりません。

結局のところ、採用の決め手は「会社に合う人」なのです。学歴や職歴、資格といった外面的な要素も確かに重要ですが、それ以上に大切なのは、会社の理念や文化に共感し、馴染める人材を見出すことです。雇用のアンマッチを防ぎ、お互いに幸せな関係を築ける人材を見極めることが、これからの企業にとって不可欠な視点となるでしょう。

16

社員の個性、存分に活かすで！

POINT

企業は、社員それぞれの適性や個性を大切にせなアカンで。学生のみんなは、なんのために働くのかをよくよく考えてな。

お菓子のデパート「よしや」は2024年11月に「よしラボ」を開催しました。「よしラボ」とは、学生が中小企業の社長たちと交流し、やりたいことを見つけるプログラムです。

初回は摂南大学生15名と、オブザーバーとして参加を希望する他大学生の中から抽選で選ばれた10名の合計25名が参加しました。「よしラボ」の目的は、1人でも多くの学生が「これで人生良し！」と感じられるよう、やりたいことを見つけ、悩みを解消することです。

現在の就職市場は10年前とは打って変わって売り手市場。一見、学生たちに有利なように思えるかもしれません。でも、本当にそうなのでしょうか？

むしろ、選択肢が多すぎて迷う。どの会社も良く見える。**多くの企業から内定をもらえる状況で、どの会社が自分に合っているかを見極めるのは容易ではありません。**

昔は、就職活動の難しさが、ある意味で学生たちの選択を助けていました。「この会社に受かったから働ける！」と、少なすぎる内定先の中で、簡単に選べたのです。

しかし、今は違います。

多くの会社から内定をもらえる中、かえって決断が難しくなっているのです。採用の早期化も学生の「将来を考える時間」を取り上げてしまっています。気持ちの焦りもあり、就活を始めても「やりたいことが見つからない」と立ち止まり、中には就職自体諦めてしまう学生もいるのです。

また、せっかく就職先が決まっても、企業と学生との「アンマッチ」を引き起こすことが多々あります。

給料や福利厚生、世間での評判など表面的な条件だけで会社を選んでしまい、入社後に「自分に合わない」と感じる若者が増えているのです。これは、学生にとっても、企業にとっても不幸なことです。

「よしラボ」では、各企業の代表者によるアドバイスや質疑応答、「よしや」社内見学、ワークショップなどが行われます。

しかし、それだけではありません。

「何のために働くのか?」「誰のために頑張るのか?」「仕事の喜びとは?」「社会にどう貢献できるのか?」これらの問いに向き合い、働く喜びや仕事のやりがいなどを見つけ、成長してもらうのです。

大切にしたいのは、一人一人の個性です。

明るい人もいれば、落ち着いた人もいる。素早く行動する人もいれば、じっくり考えてから動く人もいる。その個性を最大限に活かせる場所。それこそが、その人にとっての理想の職場なのです。

自分の強みを発揮できる環境で働けば、仕事はもっと楽しくなる。成果も自然と付いてくる。そんな好循環を生み出すのです。

現実の仕事には、苦しいこともたくさんあります。「上司と合わない」「理想とする先輩がいない」と人間関係に悩んだり、想像していた理想の会社と現実とのギャップに苦しんだり。多くの人が、さまざまな理由で会社を去っていくのです。

でも、ちょっと立ち止まって「何のために働いているのか」を考えてみてください。その目的意識さえしっかりしていれば、多少の困難は乗り越えられるはずです。

社員が自分の強みを活かし、やりがいを持って働ける会社は、自然と活気にあふれ、創造性と生産性が高まります。
そのような会社からは素晴らしい商品やサービスが生まれ、顧客の心を掴むことができるのです。

「よしラボ」のコンセプトを通じて、学生たちだけでなく、企業もまた、この大切な秘訣に気づき、真の意味での「商売繁盛」を実現してほしいと思います。

17

社員のメシ代は自分の「ふところ」から出す

POINT

社員のご飯代はいつも自分のポケットマネーで払ってるで。「領収書はもらわんでええ」が合言葉や。

人と人との絆を紡ぐ中で、お金には不思議な力があります。それは単なる数字や紙切れではなく、心を伝える道具となり得るのです。**特に私が大切にしているのは、社員たちへの感謝を自分の財布から出すことです。**

たとえば会社では、上司が部下に「今日は私のおごりだ」と言って食事に連れて行くことがよくありますよね。この時、会社の経費ではなく、自分の財布からお金を出している上司はどのくらいいるでしょうか。

金額の大小は関係ありません。1000円でも5000円でも、自分のお金を使うことが重要なのです。なぜなら、**会社の経費を使うことは、結局のところ「みんなで稼いだお金」を使っているに過ぎない**からです。それをまるで自分のポケットマネーから出しているかのように振る舞っても、最後に領収書をもらっている上司を見ると、「みんなで稼いだお金やん」と思ってしまうでしょう。私だったら、奢ってもらった気にはなりません。

私は、新入社員やアルバイトのスタッフに皆でおいしいものを食べに行くようにとお金を渡すことがあります。そんな時、気の利いたスタッフが「領収書をもらってきましょうか？」と尋ねてくれることがありますが、毎回、「領収書はもらわんでええで」と合言葉のように答えています。

会社の制度や規則ではなく、経営者の人間性や思いやりが直接社員に伝わることで、社員のモチベーションが大きく変わることがあります。人材育成において、「あともう少しできたらなぁ」と思うことはないでしょうか。多くの人が「ここまでやれば充分だろう」と考え、あともう一歩が惜しいのです。

そんな時、「昨日のご飯美味しかったなぁ、あともうちょっと会社に貢献したいな」という思いが、個人の大きな成果につながることがあります。

一方で、経営者が毎晩高級クラブで豪遊しているような会社では、社員の「もう一歩」は期待できないでしょう。しかし、そのような経営者は山ほどいるのです。

私たちのような中小企業が大企業と渡り合っていくためには、人材育成の部分で差別化を図る必要があります。社員を大切にし、自らの「ふところ」を痛めてでも人材に投資する姿勢が、総合力では及ばない大企業に対して、互角以上に戦える武器となるのです。

第 3 章

ええ人間関係は宝モン！運をつなぐ魔法の言葉

18

「出会い」は自分で作るもんや

POINT

「出会い」は待っててもこーへんで。自分で作るもんや。「元気」はもらうもんやなくて、自分から出すもんやで。

人生の旅路において、「出会い」の重要性は計り知れません。人との関わりは私たちの人生に深い意味と豊かさをもたらします。

しかし、現代社会では人々の価値観や生活様式が多様化し、人間関係の形も変化しています。「おひとりさま」が多くなり、結婚そのものに興味がない人も増えているようです。パートナーシップのあり方も従来の結婚の枠にとらわれず、より自由で柔軟な形を選択する傾向が見られます。もちろん、それぞれの選択は尊重されるべきです。ただ私が気にかかるのは、多くの人が「出会いがない」と嘆いていることです。そもそも、**出会いとは「ある」とか「ない」とかでなく、自分で作るもの**です。

また、私の講演会に来てくださる方からよく「元気をもらえました」というお言葉をいただきます。

「元気」も、本来は「もらう」ものではなく、自分で「出す」ものでなければなりません。元気は皆さんの中にあるのです。それを外に向かって発信し、表現しましょう。周りの人を元気にして、その元気が自分に返ってくる。

そう。**「元気」は、循環しているのです。**

私の講演を通じて皆さんの中にある「元気」を引き出せたとしたら、それは皆さん自身の力によるものです。私はただそのきっかけを提供しただけなのです。


出会いも同じです。待っているだけでは何も始まりません。自分から積極的に行動を起こし、自分の中にある魅力や個性を外に向けて表現することが大切です。「出会いがない」と嘆く人は、往々にして出会いを避けるような生き方をしています。言い換えれば、**自分で出会いの機会を作っていない**だけなのです。

新しい場所に行ったり、新しいことに挑戦したりする行動を取っているでしょうか? 出会いの種を蒔いていないのに、花が咲かないと嘆いていては前に進むことはできません。「出会いがない」と嘆く前に、まずは自分の生活スタイルを見直すことから始めてみましょう。
先日、一人の若い女性が東京から新幹線に乗って私の会社を見学に来てくれました。このような行動力のある方を見ていると、人と出会う力、言うなれば**「人運」は、「行動」から生まれる**と感じずにはいられません。

人生において、出会いのチャンスを掴むのに遅すぎることなんてありません。たとえば、20歳そこそこの方なら、まだ人生は70年近くもある。健康寿命で考えても、50年や60年はあるわけです。だからこそ、私はいつも若い方々にお伝えします。何も将来に悲観的になる必要はないのだと。むしろ、これからどんな素晴らしい人たちと出会えるのか、わくわくしてほしいのです。

私自身、60年近い人生で、多くの人と出会ってきました。それでも、**昨日の出会いが「今まで最高の出会いだった」と感じることがある**のです。人生において素晴らしい出会いというものは、いつ訪れるのかわからないのです。だからこそ、年齢に関係なく、常に心を開いて新しい出会いを見つける行動をしてみましょう。

19

「縁」と「運」はコンビやで

POINT

吉本の漫才コンビみたいに、「縁」と「運」はセットやねん。ええコンビ組めたら、ようけ笑い（＝幸せ）が生まれるで。

「縁」とは、本当に不思議なものです。私たちが求めているところに、たまたま求めている人が現れる。これは、「運」としか言いようがありません。「縁」と「運」は切っても切れない関係にあるのです。

私がたい焼き事業を計画中だったある日、前々から友人に勧められていた東京での講演会に参加することになりました。私が東京へ行って話をする機会なんて、年に1回か2回しかありません。会場には30人か40人くらいの方が来ていたでしょうか。その参加者の中に、後々、たい焼きの仕事を任せることになる浅草の「おにぎり屋」の女性がいたのです。

私が求めていたタイミングで、たまたま東京で講演があり、彼女もたまたまその場に居合わせた。そこからまるで運命のように話が進み、あっという間に彼女がたい焼き事業に参加してくれることになったのです。まさに、これが「縁」というものでしょう。

私たちの人生は、このような小さな奇跡の連続です。求めているものと、それを与えてくれる人が思いもよらない場所で出会う。そんな素晴らしい「縁」が私たちの人生を豊かにしてくれるのです。

人との「出会い」は、それぞれに異なる印象や影響を与えます。AさんBさんCさん、それぞれと会って何も思わない人もいれば、Aさんとの出会いを「運命的だ」と感じる人もいるかもしれません。また、別の誰かにとっては、Bさんとの出会いが心に残る出会いだったかもしれません。

「出会い」は、時に予想もしなかった方向へ私たちの人生を導くことがあります。一見些細に思える出会いが、後々になって大きな影響を及ぼすこともあるのです。

多くの人から「会いたい」と思われる人になると、縁の数も質も変わります。

魅力のある人間になっていれば、いい「縁」が自然と寄ってくるのです。なぜなら、1カ月で10人と会うより、1000人の新しい人と会う方が、いい縁に恵まれる可能性が高まるからです。絶対数が増えれば悪い縁も増えますが、いい縁はそれ以上に増えていくでしょう。

特に相手から寄ってくる「縁」には、特別なものがあります。自分と「話したい」「会ってみたかった」という意思や熱意が込められた「縁」は、実りある関係に発展しやすいからです。いい「縁」を引き寄せるには、自分自身が誠実で価値ある人間になることが大切です。

私たちの周りには、まだ見ぬ「縁」が無数に転がっています。それを見逃さないよう、私自身、誰かに「会いたい」と思っていただける人間になれるよう日々精進していきたいと思っています。

20

人脈は一時的、ご縁は一生モンや

POINT

「人脈」は短期的に作れるけど、「ご縁」は長い目で育んでいくもんやで。ほんまもんの「縁」かどうかは、時間が経ってからわかるんや。

私は「人脈」という言葉が嫌いです。なぜなら、「人脈」という言葉には、ビジネスライクで損得勘定があるような印象を受けるからです。まるで、自分が利益を得るための道具のように相手を探すような響きがあり、どこか受け入れがたいのです。一方、「ご縁」は人生という長期的な視点の中で、自然と生まれるものではないでしょうか。

私は、よく人から「すごい人脈がありますよね」と言われます。

この時、これから深い付き合いになりそうな方にはハッキリと「人脈」という言葉が嫌いなことを伝えるようにしています。そして、なぜ「ご縁」という言葉を大切にしているのかを説明するのです。

私の経験からいえば、人生をいい方向に変えてくれたり、感動を与えてくれたりする人との出会いは往々にして「偶然」であることが多いのです。本当の意味でのいい「縁」は、出会った瞬間にはわからないものです。

短期的に自分にとってプラスになる人が、必ずしも長期的に見ていい「縁」とは限りません。**中長期的に関わっていく中で、初めて「自分にとって大切な人だ」と気づくことが多い**のです。

たとえば、パーティーや結婚式でよくある初対面の人との「出会い」を考えてみましょう。

同じテーブルになり、初めは、活気にあふれていてユーモアもあり印象がとても良かった人が、後々付き合ってみると意外と合わないことがあります。逆に、最初はなんだか大人しくてあまり印象に残らなかった人が、何年も経って最も親しい友人になっていることもあります。

人との出会いを急いで判断する必要はないのです。

「ご縁」は中長期的に見ないと本当にいい「縁」なのか、それとも悪い「縁」なのかはわかりません。だからこそ、出会いの一瞬一瞬を大切にしながらも、時間をかけて相手を理解し、関係性を育んでいくことが重要なのです。

人生は長い旅路であり、その道中で出会う人々との縁は、私たちの人生を豊かに彩る宝物となるかもしれません。焦らず、開かれた心で、人との縁を育んでいきましょう。

21

とことん「人の役に立つ」

POINT

いい人間関係を作る秘訣って何やと思う？ 実はな、人の役に立つことなんや。相手のために動く、そんな姿勢が自分にも返ってくんねんで。

講演会や交流会などの場では、多くの人々と出会う機会がありますが、単に名刺交換をするだけでは意味がありません。本当に大切なのは、その出会いを価値あるものにし、相手に興味を持ってもらえるような人間になることです。

私は講演会の際に、「どなたでも会社に来てくださいね。いつでも結構ですよ」と参加者全員に声をかけています。周りからは、「そんなことをしたら、みんな来て困るでしょう」とよく言われます。

でも、実際に会社を訪れる人はそれほど多くありません。数百人の参加者の中でもわずか1人か2人程度でしょうか。本当に興味を持って訪れてくれた人とは、そこから深い関係性が生まれることがあります。

私の経験上、**人の興味を引き、良好な関係を築くためには、「相手の役に立つ存在になること」が重要**です。具体的には、相手が喜ぶような話題や行動を心がけること、困っている人を助けること、そして自分の持つ情報やリソースを惜しみなく共有することです。

たとえば、講演会後の質問時間や、会社を訪れてくれた方との会話の中で、私は常に相手の立場に立って考え、その人が本当に必要としている情報や支援を提供するよう心がけています。時には、自分の経験談を交えながら、相手の抱える問題に対する具体的な解決策を提案することもあります。

表面的な関係ではなく、**本当の意味での信頼関係を築くためには、相手のためを思う純粋な気持ちが不可欠**だと私は考えています。

自分が持っているものを惜しみなく提供し、相手の成長や成功を心から願う。そういった姿勢が、結果的に自分自身の成長や成功にもつながっていくのです。

実際、私がこれまで築いてきた多くの貴重な人間関係は、このような姿勢から生まれたものです。講演会で出会った人が会社を訪れ、そこから新しいビジネスチャンスが生まれたり、問題解決のヒントを得たりすることも少なくありません。

多くの成功した経営者は、単に「運がいい」のではありません。「人の役に立つ」ことを常に意識し、自社の利益だけでなく、取引先や顧客、社員の利益も考慮した意思決定を行っています。

皆さんも、今日から少しずつ周りの「人の役に立つ」ことを意識して行動に移してみてください。誰かの役に立つことで、自分自身も成長し、新たな可能性が開かれていきます。小さな親切や気遣いが、誰かの人生を変えるきっかけになり、同時にあなた自身の人生も豊かにしていくのです。

22

「与える」姿勢が縁をつなぐ

POINT

お金がなくても気遣いはできるで。「与える」姿勢がええ縁も運も引き寄せるんや。

以前、小売業界ではD社とS社がトップを走っていました。私は、その両社の商談室に出入りしていた友人に聞いた話を今でも鮮明に覚えています。それは、商売の本質を象徴するような出来事でした。

まだエアコンが一般的ではない時代のことです。真夏のある日、友人はD社の商談室を訪れました。部屋に入ると、真ん中にドンと扇風機が置かれています。扇風機を挟んで商談をするのです。外から来た友人は大量の汗をかいていましたが、扇風機の風向きはD社のバイヤーに向いている。彼には一向に風が当たらなかったそうです。

一方、S社の商談室では、扇風機の風が友人や来訪者の方に向けられていました。この些細なようで大きな違いが、両社の顧客に対する姿勢、そして将来を予見していたように思えてなりません。

S社の気遣いは、顧客第一主義の表れでした。その後、S社は業界をリードする企業として成長し、D社は経営難に陥ったのです。

実際、伸びている会社や商売の調子がいいところは、なんとなく職場の雰囲気そのものが違うものです。商談に行くと、「はい、どうぞ」とお茶を出してくれたり、ちょっとしたお菓子を置いてくれたりします。これは単なる「おもてなし」ではなく、取引先や顧客を大切にする姿勢の表れなのです。

逆に、あまり業績が芳しくないところは、細やかな気遣いが少ない気がします。お茶1杯出すのも惜しいような、そんな雰囲気を感じることがあるのです。

とはいえ、このような振る舞いは単に「経済的な余裕があるかどうか」の問題ではありません。成功していく企業は、経済的な余裕の有無に関わらず、**常に相手の立場に立って考え、できる範囲で最大限の気遣いを示す努力をしているの**です。

そのような「与える」姿勢が縁とか運をつないでいくように思います。

ビジネスの世界だけでなく、日常生活でも同じような現象が起こります。何でももらう方ではなく、与える側に運がつく。周りを見ても、おそらくこの法則はほぼ100%当てはまるのではないでしょうか。

人に「与える」という姿勢は、実は自分自身にも大きな恩恵をもたらし、いい縁や運を引き寄せる力になるのです。

23

できひんことは、素直に人に頼るんや

POINT

みんな得意不得意あるやろ。串カツのソースは二度漬け禁止やけど、人に頼るんは何度でもありやねん。なんでも自分でやろうとせんでええねんで。

「自己観照」という言葉を聞いたことはありますか？

少し難しい言葉ですが、自分を客観的に観察して見つめ直すこと。パナソニックの創業者である松下幸之助さんがよく使っていた言葉でもあります。松下さんは、この「自己観照」の習慣が個人の成長や事業の成功に不可欠だと考えていました。**自分自身を正しく理解することで、自分の強みや弱み、改善すべき点を明確に認識できる**からです。

よく、「頑張れば何でもできる」とか「本気になったらできる」などと言われますが、私はそれを心の中で否定しています。「できる人しかできない」というのが現実だと思うのです。できないことを無理に頑張ろうとするのではなく、自分の実力や可能性をきちんと理解することがとても大切なのです。

たとえば、「地震の予知」は何十年も研究した人だからこそわかることで、私たちに急にやれと言われてもできるはずがありません。ただし、それをマイナスとして捉える必要もないし、悲観的になることでもありません。むしろ、自分に足りないところを他の人に頼むことが大切なのです。

会社でも同じことがいえます。

何もかも一人で全部できるわけではないので、「この部分はこの人に」と仕事を分担します。私のたい焼き事業を例にあげると、お店をプロデュースする人、広報する人、実際に焼く人、それぞれに適任がいます。一人でこれら全てをこなすのは、不可能なのです。

人生も同じで、自分がやりたいことがあっても、決して自分ではできないことがあります。私は美術が一番苦手なので、「自分の似顔絵入りの名刺が欲しい」と思っても、描けるわけもありません。ですが、私の会社には元漫画家で単行本を3冊も出した人がいます。こういう人が近くにいたら、すぐに絵も描いてもらえるわけです。あっという間に、人とは違うインパクトのある名刺ができあがったのは言うまでもありません。

私は不器用なので、正直、自分でできないことの方が多いです。皆さんも自分にできないことや苦手なこと、ありませんか？

そういう時こそ、できる人、得意な人に助けてもらうことが大切なのです。**自分の限界を知り、足りない部分は他の人の力を借りる。**そして、自分の得意なことで他の人を助ける。そういう関係を作っていくことが、より充実した人生につながっていくのです。

24

ずる賢いヤツとはサッサと縁切りや

POINT

「ずるい」人とは、ようけ話したらすぐわかるで。そんなんと付き合うたら、ロクなことあらへん。さっさと距離を置いた方がええねん。

初対面では、「この人とは仲良くなれそう」「いい感じの人だな」と、感覚で人を選ぶこともあるかもしれません。しかし、それは単なる出発点に過ぎません。相手と実際に話をしていくと、その人の本質的な「考え方」が見えてきます。

私は、この「考え方」こそが今後長くお付き合いする人を選ぶ際の最も重要な基準だと考えています。価値観が合うことも大事ですが、それ以上に重視しているのは「ずるさ」がないかどうかです。たとえ些細なことでも、ずるい部分が見えたら、私はすぐに距離を置く方向に動いています。

「ずるさ」と一口に言っても、その定義は人それぞれです。私の場合は、最近こんな経験がありました。

ある経営者が会社をシンガポールやパナマに移して、「税金が30％も安くなった」と自慢げに語っていたのです。そういう話を聞くと、「もう付き合いたくない」と思ってしまいます。法律に触れていなくても、「ずるい」と感じる考え方はたくさんあります。必ずしも具体的な行動に出ていなくても、考え方の中に「ずるさ」は潜んでいます。何度か会ってビジネスの進め方について質問をしたり、話を聞いたりしていると、その人の本質が見えてくるのです。法律に触れるような行為は論外ですが、小さなところから大きなところまで、「ずるさ」は見え隠れするものです。中にはいい人もいるのですが、**「ずるさ」を持っている人に運は100％寄って来ない**と思っています。

たとえば、ゴルフのコンペでOBライン手前ぎりぎりに自分のボールが止まっていたとしましょう。誰も見ていません。そして、その1打に優勝がかかっています。そんな時、「ずるい」人ならOBライン内だと言い張るのではないでしょうか。

このような考え方の人は、人生のあらゆる場面で「ずるさ」が顔を出します。小学校や中学校でも、頭はいいけど「ずるい」子はいるものです。人間の性格というのは、あまり変わらないものだと私は考えています。そういった子供たちが大人になって本当の意味での大成功を収めているケースは少ないでしょう。

長期的に見れば、素直な考え方ができ、人の話をしっかりと聞ける人間こそが、幸運に恵まれるのです。これは会社経営でも、個人の人生でも同じことがいえるでしょう。また、**幸運な人と縁を持つことで、自分自身も運に恵まれる人生を送ることができる**のです。

「これ以上は付き合いたくない」と思った相手との距離の取り方ですが、多くの場合、私は連絡が来ても「忙しい」という対応をします。大半の人はそのメッセージを理解し、自然と距離を置いていきますが、中には100回、あるいは1000回と執拗に連絡してくる人もいます。時間がかかることもありますが、相手の感情を必要以上に害することなく、交流頻度を調整していきましょう。

25

「なんか困ってんの?」は魔法の言葉

POINT

「何か今困ってることあるん？」
この一言で、みんなホッコリ、寄り添われた気分なるで。

人とのコミュニケーションにおいて、最も大切なのは「傾聴」することです。相手の話をしっかりと聴き、理解しようとする姿勢が、信頼関係を築く基礎となります。その上で、適切な「対話」を重ね、具体的な「行動」へとつなげていきましょう。

たとえば、相手が資金繰りに困っているような様子を見せたら、「実は私の友人も似たような状況でね」と実例を挙げて話します。すると、相手も困っているのは自分だけではないと感じ、少し安心するかもしれません。友人の例から何か解決法が見出せる可能性もあるでしょう。

相手が抱えている問題や困りごとの解決策を提示することは、最も相手の心に響きます。

つまり、**困っていることを解決することが、その人を最も喜ばせる方法**なのです。人生において、誰しも悩みや問題を抱えているものです。まれに、「困っていることが何もない」と断言する人に出会うと、違和感を覚えることさえあります。なぜなら、人生には常に何かしらの課題や挑戦が存在するからです。

それは必ずしもネガティブなものばかりではありません。新しい目標に向かって努力していることや、自己成長のために取り組んでいることも、広い意味では「悩み」や「困りごと」と捉えることができるでしょう。


そう考えると、本当に何も困っていることがないという人は、世の中にはほとんどいないのではないでしょうか。むしろ、自分の課題や悩みに向き合い、それを乗り越えようとしている人こそが、健全で成長志向の強い人だといえるかもしれません。

だからこそ、誰かと対話する際に「今、何か困っていることはありますか?」と尋ねることが、相手の心の扉を開く鍵になるのです。相手の悩みに寄り添い、共に解決策を考えることは、互いの信頼関係を強める素晴らしい機会となるでしょう。

つい先日、こんなことがありました。20代の芸能人カップルの結婚式に招かれたのです。多くの若手タレントや俳優たちと交流する機会に恵まれたのですが、私がZ世代の若い芸能人たちと和やかに会話を楽しむ姿を目にした同年代の方々が不思議そうに尋ねるのです。

「どうしてそんなに若い子たちと会話が続くの?」「話が合わないでしょう?」と。

多くの人が、年齢の離れた若い世代との会話は難しいと考えがちですが、実際はそうではありません。私にとって、**年齢や世代の違いは、決して会話の障壁にはならない**のです。

むしろ、それぞれの経験や視点の違いが、対話をより豊かで興味深いものにしてくれます。20代の若者と話をする際、私は彼らの3倍以上の人生経験を持っています。単純に考えれば、物事について少なくとも3倍は多くのことを知っているのです。

まだ社会に出ていない学生と比較すると、その差はさらに大きくなるでしょう。つまり、多くの人が気づいていないだけで、私たちは若い世代と1週間くらいは喋り続けることができるほど豊富な話題を持っているのです。


年上世代のよくある誤解が、自分がZ世代や若い子に話を合わせなければならないと思い込んでいることです。多くの人がZ世代と接する際に、「何を話せばいいのか」「どんな話題が受けるのか」といったことばかりを考えがちです。

私はそうは考えません。私たちが経験してきた社会の変遷、仕事での成功や失敗、人間関係の機微など、これらは全て若い世代にとって貴重な学びの機会となります。一方で、若者の趣味の話については、年上の世代が聞いてもおもしろくないでしょう。最新のゲームやアプリ、若者文化のトレンドをよく知らないからです。このことをお互いにしっかり認識しておけば、不必要な摩擦を避け、より効果的なコミュニケーションが可能になります。まず考えるべきは「相手は何を求めているのか」、そして「自分は何を与えることができるのか」という点です。

「今、何か困っていることはある？」という一言は、世代を超えて対話の扉を開くきっかけとなります。相手が20代の若者であろうと、50代の同僚であろうと、あるいは自社の社員であろうと、等しく心に響くものです。**重要なのは、必ずしもその問題を解決できるかどうかではありません**。むしろ、相手の話に真摯に耳を傾け、その悩みを共に考えようとする姿勢こそが大切なのです。このような態度で接することで、相手は自分の気持ちに寄り添ってもらえたと感じ、心を開いてくれるでしょう。

「Z世代と何を話そう」「若者は何に興味があるのだろう」といった表面的なことばかりを考えるのではなく、一人の人間として相手の内面に関心を持つことです。

「なんか困ってんの？」というシンプルな一言は、世代を超え、心の壁を溶かし、人と人とをつなぐ、まさに現代のコミュニケーションにおける魔法の言葉なのです。

26

相手の望み、ちゃんとキャッチしいや！

POINT

「暑いですね」なんて、どうでもええ話はやめときや。相手の心に響く話をするんやで。

多くの人々が「どうすれば自分に興味を持ってもらえるか」と考えますが、その答えは意外にシンプルです。相手が求める話を見抜き、ピンポイントで届けること。これこそが、効果的なコミュニケーションの核心です。**相手が本当に聞きたがっていることを察知し、的確に提供する**のです。

まず重要なのは、相手をよく観察することです。その人の見た目、容姿、雰囲気などを瞬時に察知し、興味を引きそうな話題、その人が喜ぶような話題を推測します。

私が経営者向けの講演会で用いるテクニックの一つに、参加者の反応を見ながら話の方向性を調整する方法があります。たとえば、「時間の大切さ」について話す際、まず、「朝は何時に出社されていますか?」という質問を投げかけます。

そして、その反応を見ながら、話の内容や方向性を調整するのです。手を挙げてもらいながら確認する場合もあります。「8時までの方は?」「7時までの方は?」と聞くと、挙手の数がどんどん減っていきます。6時、5時、4時と聞いていくにつれて、手を挙げる人の数がどんどん少なくなっていくわけです。

この反応を見ながら、私は聴衆の熱心さや、時間管理に対する意識のレベルを確認しています。たとえば、7時や8時の時点で既に誰も手を挙げなくなったとします。そうなると、「今日は熱心に時間管理をしている経営者の方が少ないな」と判断し、この話題をあまり深掘りしません。

人が集まった時に、**多くの人が陥りがちな罠は、「どうでもいい話」をすること**です。

「暑いですね」といった当たり前の話では、相手の心に響きません。確かに、暑いのは事実かもしれません。でも、考えてみてください。夏に暑いのは当然で、誰もがわかっていることです。相手はどう反応するでしょうか？

多くの場合、「そうですね」とか「本当に暑いです」といった、特に意味のない返事が返ってくるだけです。こういった会話は、別にしなくてもいいわけです。大切なのは、そういった無意味な会話に時間を費やすのではなく、相手にとって本当に価値のある、興味深い話題を提供することなのです。

私は常に、**どんな場面でも「この人は今、何を聞きたがっているだろうか」「どんな話題なら心に響くだろうか」ということを考える**ようにしています。

たとえば、スタートアップの経営者と大企業の経営者では、求めている話が全く異なるはずです。新規事業に挑戦したい人と組織づくりに悩む人では、必要とする情報が違うからです。

一対一の関係であっても、大勢の中での出会いであっても、全ての人間関係は同じ原理で成り立っています。

初めて会った人に対して**全く興味が湧かなければ、その関係はその日限りで終わってしまう**でしょう。逆に、相手に少しでも興味を持てば、そこから縁が生まれる可能性があるのです。

「興味」というのは、単に表面的なものではありません。その人の持つ情報、人間性、経験、価値観など、さまざまな要素を総合的に見て判断するものです。そして、これらの要素に興味を感じれば、「次またこの人と会いたい」と思うわけです。

初対面で興味を持てなかった人でも、何度か会ううちに縁を感じることもあります。特に「会おう」と約束したわけではないのに、偶然何度も出会う人がいるからです。

私自身、最初は好きになれなかった人でも、3回目くらいに会った時に「あれ？この人、案外いいな」と思うことがよくあります。私は常々、「**ご縁は中長期的に見て判断するもの**」と言っています。

一度や二度の出会いで人を判断するのではなく、時間をかけて相手を理解し、関係を育んでいく。そうすることで、思わぬところで素晴らしい縁が生まれることがあるのです。

結局のところ、人との縁を育むには、相手への興味を持ち続けること、そして時間をかけて関係を育てていく忍耐力が必要なのです。

そして、この過程において最も重要なのは、相手の言葉や行動の背後にある真の思いや願望を理解しようと努めることです。

人との縁を大切に育み、相手の望みをしっかりとキャッチしていく。この姿勢こそが、私たちの人生をより豊かで意義深いものにし、予想もしなかった素晴らしい縁を引き寄せる力となるのです。

第 4 章

必ずモノにする！チャンスを活かす達人の極意

27

準備はバッチリ整えておく

POINT

いつでもちゃんと準備しておくことが大事やで。なんでかって？ チャンスは、いつやって来るかわからへんからや。

人生の大きな舞台で輝く人の姿を見て、「幸運に恵まれている」と思ったことはありませんか？

しかし、その輝きの裏には、見えない努力の積み重ねがあります。成功の真の鍵は、**チャンスが訪れた時に最高のパフォーマンスを発揮できるよう、日々準備を怠らないこと**にあるのです。

たとえば、野球ファンなら誰もが知っているイチロー選手。彼の野球人生は、多くの人々に感動を与えました。イチロー選手の輝かしい成績の裏には、計りしれない努力と徹底した準備があったことはご存じの方も多いのではないでしょうか。

イチロー選手は、常に誰よりも早く球場に到着し、他の選手たちが姿を見せない時間から外野を走り込み、バッティング練習を行っていました。この習慣は、小学生の頃から大リーガーになっても変わることはなかったそうです。野球の試合では、いつ重要な場面が訪れるかわかりません。

9回裏、2アウトからでも、劇的な逆転のチャンスが訪れる可能性は十分にあるのです。イチロー選手は、**チャンスが訪れた時に最高のパフォーマンスを発揮できるよう**日々の準備を怠らなかったといえるでしょう。

「準備の重要性」は、野球に限らず、人生のあらゆる場面に当てはまります。特にビジネスの世界では、準備が失敗と成功を分ける重要な要素となることが多々あります。

たとえば、突然の人事異動や昇進の機会が訪れた時、日頃から自己啓発や業界動向の把握に努めていれば、新しい役割に自信を持って適応できるでしょう。

また、競合他社の突然の撤退により市場シェア拡大のチャンスが生まれた時、日頃から自社の強みを分析し、拡大戦略を練っていれば、迅速に行動を起こすことができます。

人生において、「運がいい」と思われる成功者の裏には、必ずその人なりの努力と準備があるのです。

小さな準備の積み重ねが、やがて大きなチャンスをものにする力になります。イチロー選手の生き方が教えてくれるように、日々の努力と準備こそが、人生の輝かしい瞬間を生み出す源なのです。

あなたの人生を変える準備を、今この瞬間から始めてみませんか？

28

人に投資して自分自身も成長や

POINT

人に投資したら、いつか自分に返ってくるで。自分だけやなくて、周りもよくなる。そんな投資が一番ええんちゃうかな。

「自己投資」というと、多くの人がスキルアップや資格取得に時間とお金をかけることを思い浮かべるでしょう。しかし私は人にお金を使うことで、結果的に自身も大きく成長できる「自己投資」もあるのではないかと思っています。

先日、私の講演を聴きに来た若い経営者から「会社を見せてほしい」と頼まれました。その時、私自身、業務が立て込んでいた時期だったので一瞬躊躇しましたが、短時間ながら対応することにしました。そこで、今困っていることについて聞いたり、経営のアドバイスをしたりとできるかぎりのサポートをしたのです。そして後になって、彼の成長ぶりを耳にしたのですが、その時の満足感は、言葉では表現しきれないほどでした。

他人のために時間を割くことが思いがけない形で自分の成長や満足感につなが

ることがあります。**自分の時間やリソースを他人に使うことが、結果的に自己の成長につながる**という、一見矛盾しているようにも見える「自己投資」の形です。

この観点から、ZOZO創業者の前澤友作氏による数億円規模の「お金贈り」について考えてみましょう。表面的には、他人にお金を配っているだけで「自己投資」とは程遠いように思えるかもしれません。しかし、私はこれこそが最高の「自己投資」だと思うのです。前澤氏は多くの人々にお金を配ることで、社会全体に喜びを与え、同時に彼自身の評価と影響力を飛躍的に高めています。他人のためにとった行動が、結果として彼自身に返ってきているのです。

とはいえ、多くの人はより伝統的な「自己投資」の方法に固執しています。現代社会では、メディアや広告が特定のスキルの重要性を強調し、不安を煽る傾向にあるのです。「常に学び続けなければならない」「努力し続けなければならない」という焦りは変化の激しい現代社会に取り残されてしまうのではないかという恐れにもつながります。このような不安から、高額な英会話スクールに申し込んだり、最新のプログラミング講座を受講したり、さまざまなスクールに膨大な時間とお金を費やす「自己投資」を行う人も少なくありません。

しかし、これらの「自己投資」が本当に期待通りの結果をもたらすのでしょうか。たとえば、英会話スクールに通っても実践の機会がなければ、習得したスキルは徐々に失われていきます。また、取得した資格が実際の仕事で活かせないこともあります。これでは、スキルアップどころか、精神的・金銭的な負担を増やすだけになる可能性も否めません。メディアの煽りを受けて行う「自己投資」は、必ずしも最適な方法とは限らないのです。

「自己投資」に多額の費用をかける必要はありません。高額なスクールに通うのであれば、その時間と費用を今の仕事に関連する学習に充ててみてはどうでしょうか。

たとえば、通常の仕事量を3割増し、あるいは5割増しで取り組んでみるのです。より効率的に仕事をこなす方法を学ぶことで、業務効率が向上し、結果として給与やボーナスの増加につながる可能性もあります。**現在の仕事に対して、より一層の努力を注ぐことこそが、最短で結果が残せる価値ある投資になりうる**かもしれません。

29

自分の知らん世界を開拓する

POINT

知らんことを知るのが一番おもろいで。未知の世界を開拓して徐々にレベルアップしよな。

世の中には「知らないこと」が山ほどあります。ですから、私は**新しいものを見つけたら、どんな分野でも一度は体験する**ようにしています。

革新的な飲食店が登場した際も、その斬新なビジネスモデルに興味を持ち、真っ先に一号店へ足を運びました。自分の事業に直接関係するかどうかは別として、関心の視野が広いというか、さまざまなものに興味を持って行動します。

たとえば、日本で初めての新しい商品が発売されたり、お店ができたりすると、つい考えてしまうのです。「これを思いついた人は何を考えて作ったんだろう？」「今後どう展開していくんだろう？」と。

新しい飲食店の草分け的存在として、ある企業が日本一の規模に成長していま す。実は、社長と面識があり、話したことがあります。その時、「スイーツの質を上げれば女性客が増えるのでは」と私が提案したところ、社長は本当に実行して、今やシンガポールまで進出している活躍ぶりです。当初、料理はそれほど強みではありませんでしたが、現在は最も美味しい料理を提供する店舗として評価されています。

結局のところ、どのような事業でも、どこまで知恵を出せるかが重要です。

私は、思いついたアイデアを自分の中にしまっておくのではなく、それぞれの専門家に聞いてどのような反応が返ってくるのかを確かめるようにしています。自分では良し悪しの判断が難しいからです。

エステ業界の経営者仲間も少なくないので、私個人としても人前に出る際には眉を整え、爪も毎日のように手入れをしています。ネイルオイルも使用するなど、身だしなみには相当気を遣っています。肌のたるみを改善するＨＩＦＵも体験し、美容業界を取り巻く問題点にも詳しいです。60歳間近でこのようなことを経験している経営者は少ないかもしれません。知らない世界を開拓するのに、年齢は関係ありません。

未知の世界があれば、常に足を踏み入れてみること。それが、新たな発見や成長につながる秘訣なのです。**好奇心と行動力さえあればどんな分野にもチャレンジできる**ものです。

新しい世界に触れ、何歳になっても学び続けることは、自分自身の可能性を拡げるだけでなく、ビジネスにおける創造性と適応力を高める最良の方法でもあります。

30

「知恵」を出す習慣を身につける

POINT

知恵は泉みたいに汲んでも汲んでも湧き出てくるもんやで。使うんは頭だけ。お金もかからへんし最強や。

常に頭を使って**知恵を出すことを習慣化すれば「思いつき」や「ひらめき」は、誰でも泉のように湧き出てくる**ものです。これは特別な才能ではなくて、誰にでもできることなのです。

たとえば会社では、社員全員で毎日少しずつ考えることを習慣にすると、会社にとっていいアイデアがどんどん浮かんでくるでしょう。**たくさんの人が知恵を出し合える組織は最強**です。

とはいえ、知恵の創出は、「必死」になってするものではありません。「必死」という漢字を思い浮かべてみてください。「必ず死ぬ」と書きますよね。この表現は過度の緊張や重圧を示唆しており、そのような状態では、創造性が阻害される可能性さえあります。

「絶対諦めないぞ」「死ぬ気で頑張るぞ」となると、心身ともにつらくなってしまいます。**必死になってアイデアを絞り出そうとしても、いいものは浮かびにくい**のです。むしろ、リラックスした状態でアイデアが自然に湧き出てくるイメージを持つことが大切です。

アイデアを出すには、まず対象の分野に対する純粋な興味を持ち、そこにあるニーズを探ることから始めます。たとえば、ゲーム開発の分野では、「こういう機能が欲しいのに、まだ存在してないな」という気づきが出発点となります。そして、その機能が実装された場合にどのような影響があるかを想像してみるのです。

具体例として、ゲーム内のアイテム価格の設定について考えてみましょう。「この2万円のアイテムが3000円だったら、多くのプレイヤーが購入するだろう」といった仮説を立てます。そして、それを実現するためにはどのようなリスク管理が必要かを検討します。

逆の視点から、「この500円のアイテム、2万円出しても全部敵を倒せるなら欲しいよな」というような考え方もできます。さまざまな角度からリスクやリターンを考えることで、新しいアイデアが生まれるのです。

このような思考プロセスを楽しみながら続けることで、単にゲームをプレイするだけでは得られない洞察が得られ、自然と知恵を生み出す習慣が身につくのです。

知恵を出す習慣を身につけると、仕事でも日常生活でも新しいアイデアがどんどん湧き出るようになります。それは、個人の成長だけではなく、所属する会社や社会全体をよりいいものに変えていく力を秘めています。

肩の力を抜いて、日々の生活の中で「なぜ?」「どうして?」と問いかける習慣を育てていきましょう。きっとあなたの中に眠る知恵の泉から新しいアイデアが自然と湧き出てくるようになるでしょう。

31

メモ一つで能力アップ！

POINT

ほんまに大事なこと、頭の中に詰め込んどったらアカンで。早めにメモして、頭の中スッキリさせるんや。

「よしや」では、30年以上前から「書くこと」の重要性に着目し、ユニークな取り組みを続けています。なぜ「書くこと」が重要なのか、その理由と実践方法、そして得られる効果について解説します。

「書くこと」を大切にしている理由は2つあります。まず、約束や必要なタスクを忘れにくくなり、それが最大の信用と信頼につながります。次に、書き出すことによって頭の中の「引き出し」を空にすることができ、脳のリソースを効率的に使えるようになるからです。

想像してみてください。あなたの頭の中には、さまざまな情報や約束事、やるべきことでいっぱいの引き出しがあります。これらの内容を全て記憶しようとすると、脳に大きな負担がかかります。**私たちは何かを記憶する度に脳のリソースを消費している**のです。しかし、内容をメモしておくだけで「あれもこれも覚えておかなければ」というストレスから解放されます。その結果、脳を記憶の負担から解放させて、もっと別の創造的な「ひらめき」などに活用できるようになるのです。

この考えに基づき、「よしや」では、全社員が「ＴＯＤＯカード」と呼ばれる紙を常に携帯しています。「ＴＯＤＯカード」の使い方は簡単です。

表面は必ず実行すべきことを書くリスト。裏面は罫線のみで自由に使えるスペースです。仕事関連のタスクだけでなく、個人的な用事まで何でも書くようにします。女性社員なら、「チークが切れたから、今日買って帰らなきゃ」といったことまで書くのです。なぜなら、書けば書くほど、記憶に使っている脳のスペースを空けることができるからです。

「ＴＯＤＯカード」の運用方法も重要です。毎日新しいカードを使用して、完了したタスクは線で消します。未完了のタスクは翌日に持ち越しです。

店舗で働くスタッフも同様にこのシステムを活用していて、顧客からの要望などをすぐにメモして後で報告してもらいます。「TODOカード」は上司に見せる必要はありません。誰かに見せるものではなく、自分のために作成するのです。これらを上司がチェックする時間ももったいない。「よしや」では無駄な資料作成なども徹底的に排除しています。

「会議のための資料を作る時間が一番ムダ」というのが私の持論です。過去のデータや資料を引っ張り出すことに時間をかけるよりも、目の前の課題に集中することを重視しています。

記憶の負担をメモに任せることで、脳のリソースを発想力や想像力に充てることができます。つまり、「書く」という単純な行為が、私たちの潜在能力を最大限に引き出すための強力なツールとなるのです。ぜひ、皆さんも今日から「書く習慣」を始めてみてはいかがでしょうか。この小さな取り組みが、あなたの仕事や生活に大きな影響をもたらすかもしれません。

32

目標は180度変わっても大丈夫

POINT

人生の目標は、立てたら終わりやないで。むしろそこからが本番やねん。

人生設計において、多くの人が「何歳までにこういう目標を達成しよう」や「何歳までにやってみたいこと」と具体的な目標を設定し、それに向けて逆算して頑張ろうとします。しかし、この方法が必ずしも効果的とは限りません。

目標を立てること自体は悪くないのですが、それに振り回されるのは危険です。現実は複雑で、特にビジネスにおいては売上目標など思い通りにいかないことがほとんどです。

人生設計が完璧にうまくいく人なんて、100万人に1人もいないのではないでしょうか。少なくとも、私の周りにはそんな人は一人もいません。正直なところ、私自身、目標を立てても達成できた試しがありません。このようなやり方が非常に苦手なのです。

目標を立てた時は「よし、やるぞ！」という気持ちになるのに、それだけで満足して終わってしまうことがよくあります。しかし、重要なのは目標設定後の行動なのです。

目標設定はスタート地点に過ぎません。そこから毎日少しずつ努力し、時には軌道修正しながら進んでいく。そのプロセスこそが大切なのです。

目標を常に意識し、目を離さず考え続けてみましょう。**目標設定は単に掲げるだけではなく、それを達成するために学び、成長していくためのもの**なのです。

その過程で目標を修正し、新たに作り直すこともあるでしょう。目標は最初の設定から180度変わっても構いません。重要なのは、目標に対する柔軟な姿勢です。厳格な期限を設けるよりも、状況に応じて変えていける能力の方が大切です。

結局のところ、**具体的な目標よりも、大切なのは根底にある志や方向性**です。目標は変わっても、自分の核となる志は変わらないはずです。目標設定はあくまでも手段の一つ。目標に柔軟に対応しながら、自分の志を貫くことこそが、本当の意味での目標達成につながるのではないでしょうか。

目標設定は確かに大事ですが、それは単なるきっかけに過ぎません。その後どう行動するか、どう変化に対応するか、そこにこそ本当の価値があるのです。ゴールが現実的でないと気づいたり、少し違うと感じたり、無理だったりした場合は、ゴール自体を変えてもいいのです。こまめに調整しながら、柔軟に進んでいきましょう。

33

諦めずに「リスタート」する

POINT

何かをやり続けるって、そんなに簡単なもんやないで。ほんまに大事なんは、諦めんと何回でもやり直すことやねん。

一般的に「何かを続ける」といえば、1カ月から1年、長くても3年程度を想像しがちです。しかし、経営者の視点に立つと、10年、20年、30年という長期的なスパンで考えることが求められます。ビジネスで本当に何かを極めようとすれば、最低でも10年はかかる可能性があるからです。お寺の僧侶など、長年の修行を経た方々は、まさにこのような長期的な継続の末に深い境地に至ったのだと考えられます。

ただし、多くの人にとって、そこまで長期にわたって何かを続けることは困難です。継続の難しさは、一度途切れた後、再開できるかどうかにあります。多くの人は、一度やめてしまうとそれで終わりにしてしまうからです。

エジソンの電球発明の裏には、約2000回の失敗があったと言われています。エジソンは「私は失敗などしない。なぜなら、どんな失敗も新たな一歩となるからだ」という有名な言葉を残しています。つまり、諦めずに目標に向かってチャレンジする限り、**失敗は成功への指針であり、諦めたその瞬間が本当の失敗になる**のです。

何かを「続けられる人」はそんなにいません。せっかく目標を立てても道半ばで諦めてしまう人が多いからです。新しい趣味や習慣を始めようとして、最初の数日は順調でも、その後続かなくなることはよくあることです。エジソンのように、失敗したとしても、それをダメージとして捉えるのではなく、成功するための新たなステップだと思って進められるかどうかが大事なのです。

私は講演など、人前で話すという経験を30年以上積んできました。最初は緊張で上手く話せませんでしたが、小さなコミュニティから大きな会場まで、さまざまな場所での経験を積むことで徐々に慣れていきました。

今ではほとんど緊張することなく壇上に立つことができます。さらに、聴衆に何を持ち帰ってもらえるかを考えることに集中できるようになったのです。たくさんの失敗をしてきているので、決して平坦な道ではありませんでしたが、場数を踏んで挑戦し続けた結果、今があるのです。

講演で、私はよく「リスタート」という言葉を使います。「リスタート」とは、一度中断や挫折を経験した後に、再び新たな気持ちで物事を始めることを指します。これは単なるやり直しではなく、過去の経験から学び、よりいい方法で再出発することを意味します。

最終的に**継続する力は、途切れずに続けることではなく、途切れた後も再び始められるかどうか**です。1回、2回、あるいはそれ以上の挫折があったとしても、諦めずに「リスタート」を繰り返すことで、いつしか日々の習慣となり、大きな成果につながっていくのです。

第5章

人生100年時代をぼちぼち楽しむコツ

34

「楽しい人生」は捉え方次第

POINT

「楽しい人生」を送れるかどうかは、自分の物の見方で決まんねん。同じ出来事でも、笑うか泣くかは、自分自身が決めるもんや。

人生の楽しさや幸福度は、個人の捉え方に大きく左右されます。周りから見て「幸せそう」な人が、実は「不幸だ」と感じていることもあれば、その逆もあるのです。毎日を楽しく生きるためには、自分が「嬉しい」と感じること、「良かった」と思えること、「幸せだ」と実感できることに意識を向けることが大切です。

「よしや」の先代の社長である私の父親は、社員に日々の幸せを記録する「幸せノート」をつけることを推奨していました。寝る前に、その日あった幸せなことを書き留めるという簡単な習慣です。一見些細なことかもしれませんが、このような積み重ねが日々の生活を楽しくする秘訣となります。

中には、「幸せなことが一つもない」と記入する社員もいたそうです。同じ一日でも、ネガティブな面に目を向ければ「不幸」に感じ、ポジティブな面に目を向ければ「幸せ」に感じられます。

「幸せ」とは結局のところ、捉え方次第です。朝、目覚めた時に目が見えること、耳が聞こえること、食事ができること、これらの当たり前と思えることも「幸せ」の一つなのです。世界には、戦争や紛争に苦しむ国々があり、そこでは、日々の生活が常に危険にさらされ、明日への希望を持つことさえ難しい状況です。

一方、日本では平和な日常が保たれ、自由に教育を受け、働き、夢を追求することができます。この環境自体が、計りしれない幸せではないでしょうか。

人生で起こるさまざまな出来事を、どのように捉えるか。たとえば、長年付き合った相手との別れを「人生最大の不幸」と捉える人もいれば、「新たな始まりのチャンス」と前向きに捉える人もいます。**同じ出来事でも、180度異なる受け止め方ができる**のです。

喜びも悲しみも、成功も失敗も、全てが私たちの人生を形作る要素となります。しかし、それらの出来事をどのように受け止め、どのように活かしていくかは、私たち一人一人に委ねられているのです。

私は毎日「社長通信」を通じて、さまざまなメッセージを全社員に発信しています。その文面の最後には必ず「本日も楽しく仕事をしてまいりましょう！」という一言を添えます。一度きりの人生、楽しく過ごせた方がいいに決まっているからです。

自分だけでは周囲の環境を変えることが難しい場合もありますが、それをどのように受け止め、どのように対応するかは自分で選択することができます。結局のところ、人生を楽しむか楽しまないかは、自分の心の持ちようなのです。人生は自分次第です。誰かの人生ではなく、たった一人しかいない自分の人生なのですから。

毎日を楽しく過ごすことは、単に個人の幸福だけでなく周囲の人々にもいい影響を与えます。それは、よりいい職場環境や社会を作り出すことにもつながっていくのです。おいしかった食事、心地いい天気、誰かの優しい一言。日常の些細な「幸せ」に気づき、感謝する習慣をつけましょう。きっと今日も「楽しい一日」があなたを待っています。

35

日本の未来は明るいんや

POINT

日本はもうアカンって？ そんなことあらへん。日本はホンマにすごい国やねんで。みんなで、もっとええ国にしていこうや！

現在の日本は、経済指標などで見ると他の先進国に後れを取っている状況です。世界全体を公平な目で見ると、諸外国に比べて日本が劣っているところは確かにたくさんあるかもしれません。

とはいえ、**日本は世界に誇れる「強み」を数多く持っています**。日本の「強み」を再認識し、さらに伸ばしていくことで、よりいい国へと発展する大きな可能性を秘めています。

日本には前途洋々とした明るい未来があるはずです。実際、私は日本が世界で最も素晴らしい国だと考えています。

日本の歴史は非常に長く、その中で培われてきた「おもてなし」の心など文化的価値観は特筆すべきものでしょう。また、日本は水質の管理技術が世界トップクラスです。水道の蛇口から出る水がそのまま飲めるのは、私たちにとっては当たり前かもしれませんが、世界的に見ると非常に稀なことです。

自然の美しさはどうでしょう。春の桜、夏の新緑、秋の紅葉、冬の雪景色と、四季折々の絶景を楽しめる国は世界中を探してもそう多くはありません。

食文化も日本の誇るべき点の一つです。寿司、天ぷら、ラーメンなど、世界中で日本食ブームが起きています。日本を訪れる外国人観光客も、日本食を楽しみにしている方が多いでしょう。

公共交通機関などのインフラも整っていて、米をはじめとする農作物の生産力も高いです。また、日本は地震などの災害時も国全体が協力して乗り越えてきた経験があります。最も大事な「困難な時こそ助け合う」精神も世界一ではないでしょうか。

これら**日本の「強み」を活かし、さらに発展させることで、日本はより輝かしい未来を築いていける**でしょう。

もちろん、課題がないわけではありません。法制度の面では、いくつか改善点があります。たとえば、海外のタックスヘイブンを利用した租税回避の問題です。日本国内で利益を上げながら、パナマなど法人税が低い海外の国に本社を移して税金を逃れる企業の存在は、国民の利益を損なっています。

日本でほとんどの利益を上げながら、その利益が国民に還元されないまま他の国に持っていかれているのです。

残念ながら、**近年は国益よりも個人や企業の利益を優先する考え方が広まっている**ように感じます。このような問題に対処する法改正は迅速に行うべきでしょう。

これらを改善し、社会全体の利益を考える姿勢を取り戻すことができれば、日本は急速に世界のトップに立つことができると思います。

30年後、50年後、１００年後……私たちの子や孫の世代が生きる未来の日本はきっと世界一素晴らしい国になっていると信じています。

日本の良さを再認識し、「日本に生まれてきて良かった」という思いを胸に、日々を活き活きと過ごしましょう。

現在の課題も、きっと明日への大きな飛躍のチャンスです。日本人特有の粘り強さ、創造性、そして思いやりの心。これらを武器に、私たちはどんな壁でも乗り越えられるはずです。

一人一人が自分の人生を心から楽しみ、前を向いて歩んでいけば、その歩みは確実に日本の輝かしい未来につながっていきます。

現在のメディアは、悪いニュースや不快な出来事の報道が多すぎる傾向にあります。

急激な変化を求めるのではなく、着実に、そして力強く前進していけばいいのです。

日本の未来は明るく、希望に満ちています。大切なのは、自分たちの国に対する前向きな姿勢です。日本人の魂、私たちの誇り、そして大切な価値観。これらを胸に、毎日をワクワクしながら過ごしていきましょう。

きっと近い将来、世界中の人々が「日本に行ってみたい」と憧れる、そんな国になっているはずです。

36

ストレス知らずで生きる

POINT

「ストレス」なんてあらへん。あるのは解決すべき「問題」だけや。一つずつクリアしていくんが人生の醍醐味やで。

私にはストレスがありません。

驚かれるかもしれませんが、これが本音なのです。なぜ、そのように考えるか、日々どのように過ごしているのかをお伝えしたいと思います。

「ストレスが溜まってる」「ストレスを発散しなければ」といった言葉をよく聞きます。ここで少し立ち止まって考えてみましょう。そもそも「ストレス」とは何でしょうか。

辞書によると、「外部からの刺激により、体内に生じる警告反応」と書かれています。「ストレス」を引き起こす要因を「ストレッサー」と呼び、暑さ・寒さ・対人関係・不安などが該当します。

このような心身に負担のかかる要因は人生に数多くあるものです。私は、一般的に「ストレッサー」と呼ばれているものは全て自分に与えられた「問題」と捉えています。つまり、解決すべきもの、乗り越えるべき壁だと考えているのです。「ストレッサー」を「問題」と捉えることで途端に前向きになれるのかもしれません。問題がない人なんてこの世に一人もいないのですから。**人生において「問題」も「やるべきこと」もなくなることはありません**。逆に、乗り越えるべき壁がなくなってしまった人生なんて面白くもなんともないでしょう。

私の経験上、人生には常に20個か30個の問題があるものです。「え！ 多すぎる」と感じる人もいるかもしれませんが、これが普通なのです。

たとえば、仕事の締め切りが迫っていたり、子供の学費のことで頭を悩ませたり、両親の介護の問題を抱えていたり、住宅ローンが残っていたり、運動不足で体重が増えてきたり……。これらを一つ一つストレスの要因だと捉えてしまうと、一気に病気で倒れてしまいそうです。そのため、私はこれらを全て「解決すべき問題」と捉えるようにしているのです。

ストレスという考え方をすると、その原因を探してしまいがちです。たとえば、「会社はストレスだらけ。ストレッサーは意地の悪い同僚だ」というように考えてしまうと、解決策が見つかりにくくなってしまいます。同僚に辞めてもらうか、自分が辞めるしか選択肢がないからです。

職場にはさまざまな人がいるものです。それをストレスと捉えてしまうと、自分自身がイライラしてしまうイメージがあります。

一方で、同僚との関係を「問題」と捉えると、自分自身にできる改善策はないかと検討します。同僚との仕事の進め方の「問題」なのか、コミュニケーションの「問題」なのか。完全な解決が難しくても状況をよくする方法を見出すことができるのです。

イライラや無力感に苛まれるのではなく、前向きに問題解決に向けて努力することで、精神的な負担も軽減されるでしょう。

37

一人で考えんと、みんなの知恵借りたらええねん

POINT

一人でやるより、みんなで知恵を出し合った方がおもろなるで。みんなの知恵借りて、ええもん作ろか！

「よしや」は大阪万博に向けて、「未来のお菓子デザインコンテスト」を計画しています。このコンテストは、「未来のお菓子」の単なるアイデア募集に留まらず、日本のお菓子の過去・現在・未来をつなぐ架け橋となる取り組みです。

万博会場では、過去と現在の日本中のおいしいお菓子を集めて、世界中の人々に味わっていただこうと考えています。

「未来のお菓子デザインコンテスト」では、３Ｄプリンターで作った「未来のお菓子」を展示する予定です。「未来のお菓子」については一般公募し、入賞した作品を万博会場で見ていただくという流れです。

私は、**この企画にできるだけ多くの人を巻き込みたい**と考えています。

子どもや学生、主婦や会社員、お年寄りまで、色んな人の意見を聞くことで、すばらしい知恵がどんどん出てくるからです。

実際に「未来のお菓子デザインコンテスト」では、大阪芸術大学の学生たちとコラボが実現しました。大阪芸術大学デザイン学科の授業に万博での取り組みを入れてもらい、「よしや」と共に「未来のお菓子」のパッケージを作っていただく予定です。

多様な視点や経験を融合させることで、より創造的で革新的なアイデアが生まれ、より大きな成果を達成できるのです。

これは仕事だけでなく、人生全般にいえることです。一人で抱え込まず、周りの人の助けを借りられる人になりましょう。そうすることで、個人の力では成し得なかったことが実現できるのです。

世界中の人が日本のお菓子を食べて、笑顔になる姿を想像すると、今からワクワクします。たくさんの人に、万博を通じて「日本のお菓子」を知ってもらいたい。世界中の皆さんをお菓子で笑顔にしたい。これが「よしや」の大きな夢です。

一人の知恵より、みんなの知恵。一人の想像力より、みんなの想像力。一人の人生経験より、みんなの人生経験。これらを合わせることで、私たちは驚くほど大きな力を手に入れることができるのです。

38

おしゃべりより聞き上手！耳施《みみせ》で心もぽっかぽか

POINT

まずは、相手の話をじーっと聞こな。辛い話聞いたら苦しみは半分に、ええ話聞いたらうれしさは倍になるんやで。

私が毎朝発行している「社長通信」で、仏教の教えである「無財の七施」について書いたことがあります。

「施し」とは、物でもお金でも今それを必要とする人々のために心を込めてささげることです。この時に財持《たからもち》がなくてもできる「施し」こそが「無財の七施」です。

施す側が相手に対して、自分の心ひとつでできるのが左記の7つの「施し」です。

1, 優しい眼差しで接する
2, 優しい微笑みで接する
3, 優しい言葉をかける

4，人や社会のために働く
5，いつも感謝の気持ちを失わずにいる
6，人への親切を心掛ける
7，おもてなしの心を大切にする

これを読んでくださった壬生寺貫主の松浦さんが返信をくださり、「耳施」について教えてくれました。奈良仏教では、この「無財の七施」に「耳施」を付け加えているそうです。

「耳施」とは、相手の話をじっと聞いてあげること。悩み事やつらく悲しい話に耳を傾けて頷いてあげるだけで、相手の苦しみは半分になる。また、楽しい話をともに喜んで聞いてあげるだけで、そのうれしさは倍になる。

なんて素晴らしい教えでしょうか。ただ実際のところ、多くの人は「聞く」という行為が苦手なようです。

「聞く力」がないから、つい自分から話さなければならなくなるのです。たとえば、自分より若い世代と話をする時、ＳＮＳで流行っていることや最新のトレンドについて知らないことも多いものです。そのような時、相手の話を聞かずに、自分の知っていることを話そうとするから、「何を話せばいいのだろう」と、そこで会話が詰まってしまうのです。

自分が知らないことを無理に話そうとする必要もないし、自分の知識を無理に押し付ける必要もありません。純粋に、相手の話に耳を傾け、興味を持って聞く姿勢を作る。そうすれば、会話は自然と流れ、互いの理解も深まっていきます。

年齢は関係ありません。若くても年配でも、「聞く力」さえあれば素晴らしいコミュニケーションが取れるのです。

「耳施」の心を大切にすれば、世代を超えた絆が自然と生まれます。仕事でもプライベートでも、まずは「聞く」ことから始めてみませんか。この小さな一歩が、私たちの社会をよりスムーズに、より思いやりに満ちたものにしていく力となるでしょう。

39

ガツンと壁にぶち当たっても、前向きに進んだらええ

POINT

挫折したって、人生の終わりやあらへん。できることから一つずつやっていったらええねん。

「お前が社長をしていたら会社が潰れる」

父の言葉が、役員会の静寂を切り裂きました。40歳を目前にした私は、その場で涙を見せることはありませんでした。しかし、その後の2日間で人生の9割の涙を流したように感じます。20年経った今でも、あの日の痛みは鮮明によみがえります。

父にみんなの前でそんなことを言わせてしまった自分が、何より情けなく感じました。自分の至らなさが、父をそこまで追い込んでしまったのだと思うと、申し訳ない気持ちでいっぱいだったのです。

絶望の淵に立たされた私は、会社を去ることさえ考えました。でも、どこか諦めきれない思いが、私を倉庫へと向かわせたのです。でも、モップがけくらいしかなかった。若いころから掃除を教えられていたこともあり、気力が湧かない自分にできることといえば、それしか思いつかなかったのです。

モップを握る手に力はなく、ただ機械的に床を拭くだけです。それでも、そんな単純作業を続けるうちに、少しずつ心が落ち着いてきたのを感じました。それから1カ月もの間、私はただただ掃除に没頭したのです。

私は会社を継いでから、順風満帆だと思っていました。店舗展開も順調で、資金に困ることもなかった。しかし、その成功がおごりを生んでいたのです。軽はずみな新規出店、独断的な意思決定。父の厳しい一言は、私の甘さを容赦なく暴きました。

この出来事は、経営者としての価値観を変える大きな転機となりました。それまでの独断的な経営スタイルから、周囲の意見を積極的に聞き入れ、みんなで協力して会社を運営していく方向へと変化していきました。父は創業者であり、ずっと一人で決断を下してきた人です。ただ冷静に考えると、私にはそういう能力がなかったのだと気づきました。みんなの意見を聞きながら経営していく必要があると、だんだんとその方向へ考えが変わっていったのです。

ビジネスの世界は、時に残酷なほどの挫折を経験することがあります。仕事をしていると誰にでも絶対にあるものだと思います。

そんな時は、**何でもいいので自分ができそうなことをやってみる**。何も考えられない時は、単純作業の方が向いているかもしれません。私の場合はそれがモップがけだったのです。体を動かしているうちに、頭の中も少しずつですが整理されていくものです。

どんな窮地に陥っても、できることから少しずつ行動しましょう。モップで床を何度も何度も拭くように、戻ったり進んだりしながらも一歩ずつ前へ進もうと努力するのです。小さなことでも前を向いて行動さえすれば、必ずその先には光が見えてくるのです。

40

とりあえず、やってみいや

POINT

人生は行動から始まんねん。チャレンジせな、なんも変わらへんで。

私の挑戦は、誰もやらないことを思いつき、分析し研究することから始まります。**みんながやらないことだからこそ、そこにチャンスがある**のです。常識を捨て、新しい視点で物事を見る。法律に触れない限り、とりあえずやってみる。それが私のモットーです。

お金だけが価値あるものではありません。新しいアイデアや方法にどんどんチャレンジすることで、予想もしなかった成功につながることがあるのです。

そして、年齢も関係ありません。何歳になっても、失敗していいのです。失敗してもその過程で学ぶことの方が大きいのですから。理屈で判断せずに、とにかく行動してみることが大事です。

私は、常識にとらわれない発想で新しいことに挑戦し続けています。新しく始めたたい焼き事業では、「真四角のたい焼き」がその一例です。今まで世の中にないものを生み出すには、まず既存の概念を捨てることから始まります。たい焼きは必ずしも魚の形をしている必要はないのです。

2025年の大阪万博への出展も、挑戦の一つでした。私は、出展を通じて自社の知名度向上とブランディングを目指しました。とはいえ、大阪万博はハードルが高すぎる。実は、9割5分の確率で落選すると思っていたのです。

それでも立候補したのは、半年以上ある審査期間中、『「よしや」はこんな企画で万博に挑戦しています』というニュースになる。それだけでも十分価値があると考えたのです。つまり、大阪万博に出展を申請するプロセスそのものに価値があると信じていたのです。

実際、社内では懐疑的な声もありました。しかし、企画書を見せると、「これなら通るんじゃないか」とたくさんの人から好反応を得たのです。そして驚くべきことに、「よしや」の企画である「お菓子で世界にスマイルプロジェクト」は本当に採用されたのです。

いいアイデアを思いついても、頭の中に入れたままでは何も生み出しません。それを形にする、**試してみることから全てが始まる**のです。

失敗を恐れず、とりあえずやってみましょう。その姿勢が予想もしなかった扉を開くことがあるのです。

今、あなたの心に浮かんでいるアイデアは何ですか？　それを実現するために、今日からできることは何でしょうか。

さあ、考えるのはそこまでです。あとは、とりあえずやってみましょう。そこから、あなたの新しい物語が始まるのです。

おわりに

思えば、私の人生は「とりあえず、やってみる」の連続でした。

父から厳しい言葉を投げかけられた時も、コロナ禍という未曽有の危機に直面した時も、そして2025年大阪万博への挑戦を決意した時も、まずは自分にできる一歩を、とりあえず踏み出すことから始めました。すると、その時々で必ず誰かが支えてくれたのです。

社員、取引先、お客様、そして家族。多くの方々との出会いに恵まれ、その度に数えきれないほどの学びを得てきました。

一つひとつの出会いが、かけがえのない学びとなり、「思いやり世界一の会社」という「よしや」の理念を形作ってきたのです。

そして今、私の心の中には新しい夢が芽生えています。それは、**日本初となる「お菓子のテーマパーク」を作る**こと。

さまざまなメーカーの枠を超えて日本中のお菓子が一堂に会する夢の空間。大阪のユニバーサル・スタジオ・ジャパンや東京ディズニーランドのように、誰もが目を輝かせるテーマパークの創設です。子どもたちはお菓子作りを体験し、大人たちは懐かしい銘菓との再会に笑みがこぼれる。そんな幸せに満ちた場所を作り上げたいのです。

すでにいくつかの企業とも協議を重ねていますが、現実的には用地確保の難しさや建設費の高騰などいくつもの大きな壁に直面しています。

業界の垣根を越えた調整も必要で、時には競合となるメーカー同士の利害関係も絡んできます。資金面でのハードルも高く、これまでの「よしや」の事業規模とは比べものにならない規模の投資が必要となるでしょう。

そして何より、前例のない事業だけに、誰もが首を傾げ、時には「無謀だ」と言われることも覚悟しています。

しかしこの本でお伝えしてきたように、私は決して諦めません。これからもさまざまな企業や個人と協力関係を築きながら、この夢の実現に向けて邁進していきます。

思えば、**私の人生はいつも「誰もやっていないこと」への挑戦の連続でした。「無理だ」「できっこない」と言われることこそ、むしろ可能性の証**だと信じています。

本書を手に取ってくださった皆さまも、ぜひ自分の夢に向かって一歩を踏み出してみてください。年齢も、現在の立場も関係ありません。

大切なのは、「とりあえずやってみる」こと。

それがたとえ世間の常識から外れていても、実現が困難に思えても――。小さな一歩の積み重ねが、いつしか想像もつかない高みへと導いてくれるでしょう。

最後になりましたが、本書の執筆にあたり、多大なご支援とご協力をいただいた全ての方々に心より感謝申し上げます。そして、日々私を支えてくれる家族、社員の皆さま、お取引先の皆さまにも、この場を借りて深く御礼申し上げます。

数年後、「お菓子のテーマパーク」で皆さまとお会いできる日を、心待ちにしています。お菓子の持つ不思議な力で、一人でも多くの人に笑顔と幸せを届けられることを願いながら。

神吉一寿（かみよし・かずとし）

株式会社吉寿屋 代表取締役

1966年、大阪府に生まれる。京都産業大学卒業後、父親が創業した株式会社吉寿屋に入社。配送や営業、店長を経験したのちに専務取締役、2016年に代表取締役に就任。創業以来、60年間黒字経営を続けている。2025年には、代表を務める「お菓子で世界にスマイルプロジェクト」が大阪・関西万博の一般参加催事に出展。

とりあえず、やってみいや

大阪《おおさか》でいちばん運《うん》が強《つよ》い経営者《けいえいしゃ》の40の魔法《まほう》

2025年2月27日　第1刷発行

著者　**神吉一寿**《かみよしかずとし》

発行者　寺田俊治

発行所　**株式会社 日刊現代**
東京都中央区新川1-3-17　新川三幸ビル
郵便番号　104-8007
電話　03-5244-9620

発売所　**株式会社 講談社**
東京都文京区音羽2-12-21
郵便番号　112-8001
電話　03-5395-5817

印刷所／製本所　**中央精版印刷株式会社**

表紙・本文デザイン　市川さつき
カバーイラストレーション　佐々木一澄
編集協力　ブランクエスト

C0036

ISBN978-4-06-538864-8